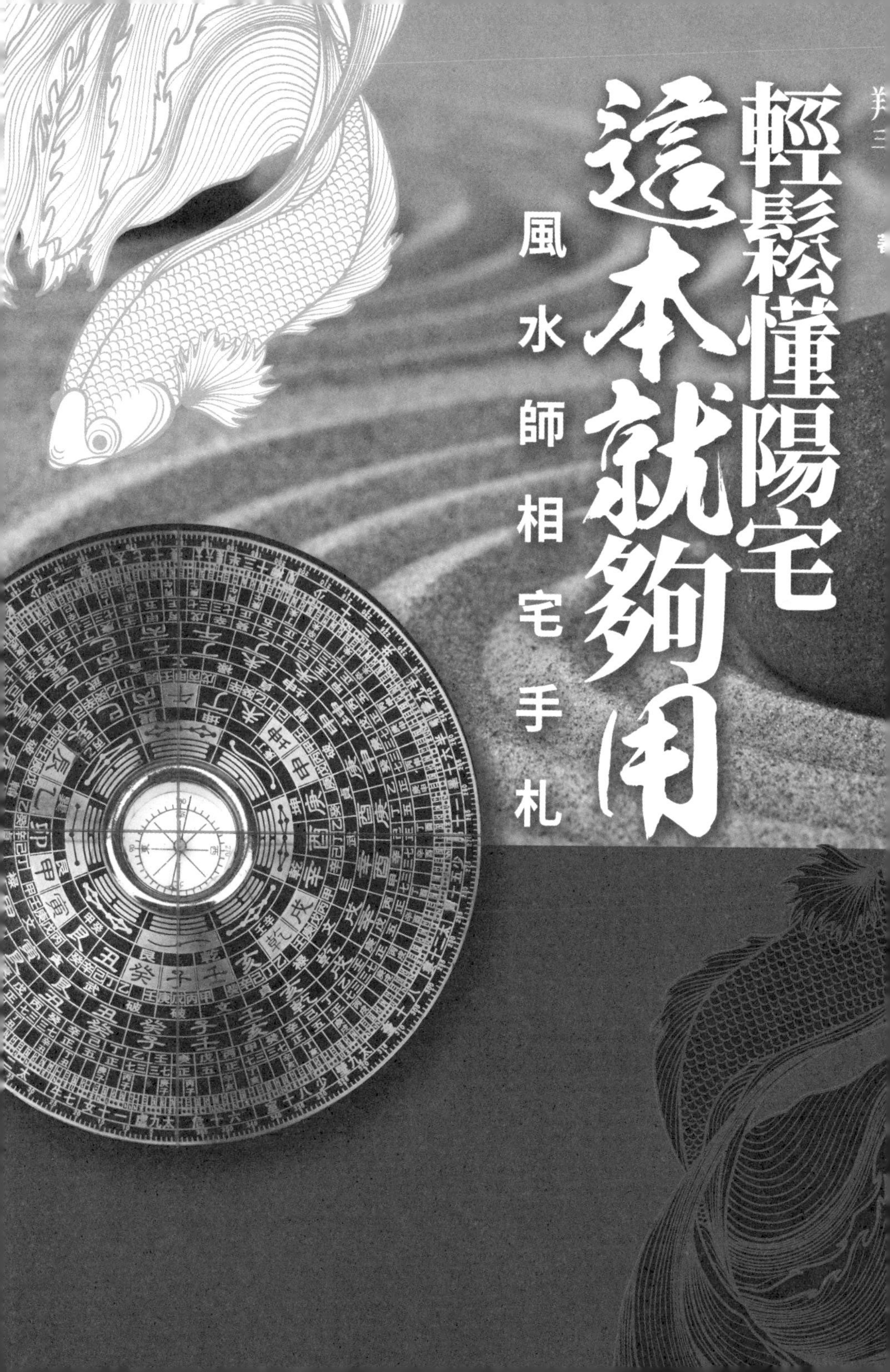
輕鬆懂陽宅
這本就夠用
風水師相宅手札

推薦序

居家佈局、你我一起來

在乙未年冬，第一次在上海與翔手老師見面，印象極為深刻。他有清淨超逸的修行人的氣質，溫爾儒雅，他是三元地理天機門第二代嫡傳，歷經佛法、道教、玄學、密宗的傳承洗禮，立志於中華傳統文化的發揚，擅長於三元地理風水堪輿、養生禪坐指導。

多年後戊戌年底，我們再次在桂林緣聚，相談甚歡，很榮幸為老師的第六本書寫序，感恩老師給予機會，在老師身上，我吸收了很多的正能量，老師走到哪裡都會行善，佈施，為他人祈福，送加持的平安小禮物，並不斷感恩所有的遇見。

風水是一門很深奧學問，也是一門很平常心的生活應用，翔丰老師呈現古老風水文化之精神、發揚老祖先傳承之智慧，以風水師的思維歸納佈局真訣，正是這本風水書的出書動機。書中巧妙地運用天地磁場的佈局，搭配風生水起的藏風聚氣之原理原則，只要是天時、地利、人和之三才俱足，以合理得宜的巒頭及理氣互用，一定能造福有緣份的好朋友。

在這本書中有著詳細的風水介紹與佈局解說，深入簡出的白話文說明，讓沒有風水基礎的讀者們，都可以自學、參考、相宅之導入應用，也能快速進入看風水的門檻，相信這本書的內容分享，一定能讓居家的風水佈局，變成全民運動的一環，就讓我們跟著這本書的步驟，一起動手為你可愛的家開始佈局吧！

李會長　能斷金剛　讀書會

自序

風水佈局也能快樂學習

風水之法，得水為上，藏風次之！學習風水佈局是一種傳承，能發揚中華文化之美，能印證科學與老祖先智慧的互通，能自己動手為居家環境佈局，是一件快樂又利人利己之學習。

風水的佈局經驗，是翔丰累積二十多年的學習與內化，在海峽兩岸的相宅應用與佈局心得，公開在此書的章節內容中，以圖文並茂的方式，按部就班地分享每一個佈局動作，教學並呈現給風水初學者，讓初入門的風水學習者，在無壓力的學習中，可以自己為自己的居家看風水與進行佈局，等佈局熟練之後，經驗豐富了，也可以進一步為朋友或是自己親人來看看風水，簡單的居家之環境佈局。

現代工商時代，凡事都講求「快速、簡單、自己動手做！」此書中之每一步驟與佈局方法，都是經過整理與簡化過的風水真訣，經過翔丰多年的堪輿實例並走訪兩岸的上千家屋宅，整理歸納出來的六大心法與九項真訣，濃縮了不必要之環節，簡化了不應有的步驟，以表格、圖片、關鍵字的呈現，讓精簡快速的精神，在此書中可以發揮得淋漓盡致。

風水的運用，不外乎是「**陽光充足、動線順暢、空氣流通**」之外，書中歸納的九項真訣，更幫助初學者可以搭配天地磁場之五行、陰陽、八方、九星、二十四山的巧妙佈局，能夠輕易地成就福地福人居的滿願喜悅心。

翔丰　於景泰然　己亥年

導讀

此書是翔丰跨越海峽兩岸的風水堪輿交流與中華文化融合，書中有三百多張圖文表格，搭配十手札、六心法、九真訣之學習，參考居家堪輿實例、辦公堪輿實例及開業堪輿實例，讓有緣份的讀者朋友們可以快樂地輕鬆學習，還能在風水格局之知識學習與心靈陶冶上，都能夠成長滿滿！

第壹章　風水心・有情手札：

風水的堪輿過程，翔丰歸納出十手札，分別是從初學風水到實際堪輿的過程，需要瞭解與注意事項，以身為風水師的觀點角度，整理出十則初入門風水的手札筆記，讓有心進入風水領域的讀者朋友們，一探風水師的學習細節及應該持有的敬業態度，發揮行善的心與體會有情味的人生。

第貳章　風水相·六大心法：

風水的相宅佈局，翔手彙整出六大心法，分別是從屋宅的測量坐向開始，依照坐向的坐山得知其宅名與宅命，接著再尋找財位之位置與補財運方法，緊接著是尋找文昌位之位置與旺四綠文昌之氣，還有運用出生年次之查詢生辰天命與五行之開運，最後是分享二元八運之零正財水的佈局心法，讓有心進入相宅風水的初學讀者朋友們，快速入門地學習風水佈局之技巧。

第參章　風水法·九項眞訣：

風水的陽宅判斷，翔手篩選出九組真訣，分別是從巒頭訣之地勢路形氣為開端，以化解訣之遮擋化煞避為過程，再以地脈訣為龍穴砂水向之識別，接著是星曜訣之九個星曜的順飛逆飛介紹，第五組真訣是五行應用與生旺循環變化，也針對財水訣之零正神進行三元九運的介紹，另外也以方位訣之四祥獸進行詳細之佈局說明，最後兩組真訣是流年訣及立極訣，在這一章節中都有詳盡的白話文介紹與解說。

第肆章 風水局．堪輿實例：

風水的佈局彙整，翔丰收錄了歷年來的堪輿實例及佈局內容，分別是以居家堪輿實例及辦公堪輿實例，讓有緣份的讀者朋友們，可以參考六大心法、九項真訣之佈局應用，依照堪輿實例的佈局分享，嘗試著為自己的屋宅進行佈局之改善。居家堪輿實例中有大樓屋、透天屋、華廈屋、公寓屋等判斷與佈局，另外的辦公堪輿實例中有科技公司、營銷公司、醫材公司、地產公司、軟體公司、仲介公司之判斷與佈局，讓有心學習及進入風水應用領域的讀者朋友們自學、自修與自行體悟，對於居家風水的運勢改善，相當實用。

第伍章　風水應・卦象哲學：

風水的應驗占卦，翔手分享易經六十四卦之風水卦象與人生哲理，分別以每一卦象進行占卦解說與風水應用，讓風水的卦象與易經的精神，依照陰陽五行之卦爻變化，乾為天、坤為地、天火同人、風地觀、地山謙、澤地萃、坎為水、水雷屯、山地剝、地風升、巽為風、艮為山⋯都能呈現出開運、化解、佈局、判定、祈福的卦象好意念。

第陸章　風水學・原理應用：

風水的驗證佈局，翔手分享風水相關的原理應用，分別是風水原理與應用原則，還有修造房子的風水擇日與各類應用方法，另外是風水煞氣面面觀與注意事項，也分享了傳統風水羅盤的認識與盤面使用方法，最後再整理風水門派與風水名詞，分享給有緣份的讀者朋友們，一起瞭解風水的學習，並不是困難的一環，只要是你有心、肯用心及付出真心，一定能在風水領域上登堂入室的。

第柒章　風水運・修行探索：

風水師的修行與探索，翔丰分享六個精要學習，分享翔丰在風水修行感應上，多年以來的學習之心得，讓有心進入風水感應的讀者朋友們自修與自學之練習。於心靈風水的探索方面，翔丰也分享探訪地庫與天庫的前世今生，藉由前世的心靈探索來開運今生的心宅風水運勢。接著是分享翔丰初學風水之入門筆記，以及風水居家判斷之檢核文件，也整理了辦公室之風水開運要項，讓有緣份的讀者朋友們，可以為自己的屋宅體檢及辦公室進行開運之用。最後分享桂林篆刻大師泊陞師傅之手工篆印，在此書呈現的小篆方印，有著秦朝篆書的開運意念、風水九真訣及四祥獸之祈福篆印能量，彙整於此章節中，一起為有緣份的讀者朋友們祈福，凝聚出順風順水之正能量好氣場。

後記：

風水的後記當中，翔手分享了出此風水書的緣份，以及桂林好山好水的照片，翔手融合了多年內化的學習心得，巧妙地將風水經驗與堪輿案例，以淺顯易懂的白話文分享，冀望能拋磚引玉地讓有緣份的讀者們，更瞭解風水的堪輿及佈局奧妙之處，並輕易能為自己家宅或身邊親朋好友相宅，讓相宅看風水的技巧變成顯學的一環，不再只是深澀難懂的帝王之學。

目錄

推薦序、自序、導讀

第壹章　風水心・有情手札……18

第壹章

風水心・有情手札

第壹章

風水心　有情手札

風水之妙，格局理氣；風水之應，巒頭形勢
風水之通，四方祥獸；風水之聚，藏風得水

風水是一門風與水互動的故事，它們的互動，早在青烏子的第一本風水書中，明白道出「氣結崑崙，形象質樸，既分南北，則南龍陽而清，北龍陰而濁」，正所謂天下山脈之龍勢，皆源自「崑崙山」。而「氣乘風散，脈遇水止，藏隱蜿蜒，富貴之地」，更是說明了風與水，數千年以來的互動，是如此的山川融結，峙流不絕。

回想當時，翔丰三十出頭時，正式拜師三元地理的風

【桂林之好山好水好能量－翔丰拍攝】

水門派，一轉眼的歲月中，看盡了海峽兩岸的上千家的陽宅與不在少數之陰宅，明白了風水中的玄妙精髓，它能依天地宇宙的運轉，而行三元九運之玄空循環，再順從八卦九宮之方位運行，遵循紫白飛星之星曜理氣，而應驗其時辰方位之催發，這是多麼奧妙的大自然循環。

初接觸風水時期，正當翔丰壯年之時，一邊在電腦科技公司服務，一邊利用假日在城市鄉野中看風水，體驗山川風水的巒頭、理氣、形勢、格局、氣脈、走向，一邊記錄心得與筆記，將真訣、心法與應用方式，以最白話文的說明，呈現給有緣份的讀者，期望中華古老的風水文化及老祖先的智慧，得以發揚及傳承下去。

巒頭之應驗，則是堪輿中的快速要領，能以眼觀方位之缺角形勢，而判定生肖應驗，再依巒頭形煞而判定沖煞之輕重緩急，理氣時辰的天干與地支之催發，還能以擺設之佈局來補齊格局的缺憾，能快速以眼觀及時辰應驗，熟記堪輿相宅之真訣。

風水之極致應用，應是藏風聚氣，讓能量的匯聚催旺，並能行聚氣旺運之象，巧妙顏色之調節，陽宅輔以玄關迴風聚氣，搭配流水造景之氣場，達到風生水起之藏風聚氣，以天地磁場的能量加上佈局之得宜，營造出居家的福地福人居。

一、風水師之十手札

一、應用風水一個境界　　二、考察風水二砂山脈
三、理氣風水三元運勢　　四、入門風水四方祥獸
五、風水師的五點原則　　六、學風水的六個態度
七、習風水的七項基礎　　八、看風水的八大步驟
九、風水必備九要真訣　　十、風水明訓十不傳授

※、【應用風水一個境界】

1、發心

※、【考察風水二砂山脈】

1、左砂手　　2、右砂手

※、【理氣風水三元運勢】

【堪輿好風水之山脈龍穴圖 – 翔丰拍攝】

1、上元運　2、中元運
3、下元運

※、【入門風水四方祥獸】

1、左青龍　2、右白虎
3、前朱雀　4、後玄武

※、【風水師的五項原則】

1、盡責看風水　2、化解其煞氣　3、為陽宅祈福
4、破除其迷信　5、勸人多行善

※、【學風水的六個態度】

1、真心造福　2、不辭辛苦　3、不為錢財
4、熟悉真訣　5、仔細堪輿　6、不求回報

※、【習風水的七項基礎】

1、先後天八卦　2、天干與地支　3、河圖與洛書

4、五行與生肖　5、八方與九宮　6、紫白順逆飛

7、羅盤與立向

※、【看風水的八大步驟】

1、有屋主的委託　2、確認陽宅地址

3、量測方位坐向　4、觀察住宅環境

5、入門看門主灶　6、再觀前後陽台

7、最後看其廁所　8、為主人家祈福

※、【風水必備九要真訣】

1、地勢路形氣　2、遮擋化煞避　3、龍穴砂水向

4、紫白飛星訣　5、元辰天命訣　6、零正神水訣

7、四祥獸真訣　8、奇門時空訣　9、乘止截虛氣

※、【風水明訓十不傳授】

1、不尊師重道者　2、不孝順父母者　3、不積善德業者

4、心術不正當者　5、不有信任感者　6、不具有耐心者

7、輕佻不禮貌者　8、不為人謀福者　9、好高且騖遠者

10、以術騙財色者

【傳承古禮之風水拜師備禮】

翔丰手札－001：

古禮八項拜師儀軌：三杯茶、萬年曆、叉匙、佛珠、平安戒、檜木精油、紅色印泥、師門印信。

二、風水十手札解說

※、應用風水一個境界——發心

學習風水，必須是一顆行善的心，為人造福的念頭，能時時刻刻想到為人謀福與積善業，體悟天地之間的能量氣場，轉化成向善的動力，蘊釀成積德的養份，發出這份感動天地的初心，進而深耕風水、內化風水、運用風水與佈局風水。

佈局風水的初心，是一點一滴累積出來的，從小地方慢慢著眼，再由大地方去觀察、領悟、應用，以藏風聚氣為目的，得水為上之概念替委託之主人家祈福與化解居家煞氣，最佳狀況是能夠不動用格局的破壞與大興土木去改建，也能達到化解得宜、制煞趨吉的好運勢。

所以，發心是初學習風水之人士，應當具備的一顆心，這顆心應當是「**喜悅、惜福、感恩**」的心境，也應當時時維持著「**平常心**」，不以物喜、不以己悲的坦然態度，過著平凡又心如止水的境界，如此學習風水能夠讓心靈清澈，如空杯裝水般地踏實學習與替委託人盡心盡力地祈福。

翔丰手札-002：

發心是重要的！能讓君子終日乾乾，夕惕若，厲無咎；以進行完美的風水學習、應用、佈局之境界。

※、考察風水二砂山脈——左砂手、右砂手

考察風水，是初階的風水學習，必須要實地勘輿的課題，由老師引領去走訪好山好水之山林之間，察看山川林木間之山脈走勢，感受山勢的龍脈順氣，以及虎嘯旺運的能量，最佳之考察過程能遇到二砂山脈之交匯處，龍穴之能量匯聚場，能體會到地氣貫穿全身的充電感。

山川林木間之山脈走勢，第一要考察之左砂山脈，即是「左砂手-青龍方」。綿延的山勢由左高處緩緩地往下延伸，猶如青龍的盤旋綿韻，慢慢地自高山貫穿到平地，尊貴又不失優雅的左邊環抱至落峽處，意味著左方龍昂首抬頭之氣勢。

第二要考察是右砂山脈，即是「**右砂手-白虎方**」。陡峭緩緩延伸的山勢，由右高處綿密地往下延伸，猶如白虎的威猛霸氣，咄咄逼人地自高山順著氣勢到達平地，威嚴又不失庸

俗的右邊環抱至落峽處，意味著右方虎嘯怒吼之勇猛。

山脈之左青龍略高、右白虎略低，形成左高右低、左長右短之巧妙佈局，即是龍脈順氣又符合虎嘯旺運的環抱能量，是考察風水的重要關鍵。

翔丰手札－003：

能左右環抱又具有龍穴場來聚財氣，居住此地附近之人們，肯定能代代出高官、財福綿延享不盡。

※、理氣風水三元運勢─上元運、中元運、下元運

每隔一百八十年，太陽系的九大行星就會處於太陽的同一側，形成九大行星的大會合，古人稱其為「九星連珠」。這種非常有規律地循環模式，永不改變。老祖先洞悉此一模式之後，建立了「**三元九運**」體系用以劃分三元之時間。這種方法以一百八十年做為一個正元，

每一正元包括三個小元，即**上元**、**中元**、**下元**。

三元的區分，是每一元運為六十年，各分為三個運，每運為二十年，即上元是「**一運**、**二運**、**三運**」；中元是「**四運**、**五運**、**六運**」；下元則是「**七運**、**八運**、**九運**」，從而構成了完整的三元和九運之體系。

在不同時間段內的三元九運，都有一顆星在對地球上的人、事、物起著主導作用，而且每顆星的主導時間正好為二十年。古代老祖先們根據這一規律將這九星分別取名為「**貪狼**、**巨門**、**祿存**、**文曲**、**廉貞**、**武曲**、**破軍**、**左輔**、**右弼**」，一共九運為一百八十年。透過三元九運與洛書九宮，以及紫白飛星之間的結合，建立了一套時空的理論，可以推算陽宅運氣和人事吉凶之玄空風水理論。

三元九運總共是一百八十年，其中包括上、中、下之三元，一元為六十年，恰好一個甲子。演算到本循環之三元九運時間表，如下所示：

上元：

一運：1864年～1883年

二運：1884年～1903年

三運：1904年～1923年

中元：

四運：1924年～1943年

五運：1944年～1963年

六運：1964年～1983年

下元：

七運：1984年～2003年

八運：2004年～2023年

九運：2024年～2043年

翔丰手札－004：

下元八運是2004年～2023年之時來運到，藉由八運的旺氣，應佈局**坤位**之**西南方**水局。

※、入門風水四方祥獸— 左青龍、右白虎、前朱雀、後玄武

自古以來，代表東方吉祥意念的神獸，就屬「**青龍、白虎、朱雀、玄武**」之四祥獸。它代表四個方位與風水格局之應用，其左方位是「**青龍**」祥獸、右方位是「**白虎**」祥獸、前方位是「**朱雀**」祥獸、後方位是「**玄武**」祥獸，位居「**東、西、南、北**」之風水入門佈局。

【左方・青龍・震位】

青龍，是古代四大祥獸，稱為四祥獸之首的「青龍」。用其判斷環境風水的守護，左邊屬木的青龍方位，代表東方，為權力、喜慶、事業、遇事有貴人扶持等，青龍方的巒頭或建築物宜高大完美無缺、熱鬧及多動。於東漢的《三輔黃圖》：「青龍、白虎、朱雀、玄武，天之四靈，以正四方。」晉朝的《葬經》：「地有四勢，氣從八方，故葬以左為青龍，右為白虎，前為朱雀，後為玄武；玄武垂頭，朱雀翔舞，青龍蜿蜒，白虎馴俯。」最後，要分清左右，正確的方法是：**站在大門外，即背對大門向外看，左手邊就是青龍方**。

【右方・白虎・兌位】

白虎，是古代四大祥獸，稱為四祥獸之二的「白虎」。用其判斷環境風水的財運，右邊

屬金的白虎方位，代表西方，宜低宜靜、口舌是非、破財漏財等之判斷，白虎方的巒頭或建築物不宜高過青龍方，不宜太吵及安靜為佳。白虎位過旺過高大，容易出現小人得志，女人掌權，家庭不和的情況。所以白虎宜伏，不宜高抬，不能壓青龍方。同樣是要分清左右，正確的方法是：**站在大門外，即背對大門向外看，右手邊就是白虎方**。

【前方．朱雀．離位】

朱雀，是古代四大祥獸，稱為四祥獸之三的「朱雀」。用其判斷環境風水的事業，前方邊屬火的朱雀方位，代表南方，為事業、工作運、前途、目標方向等，朱雀方的前方宜開闊平坦，一馬平川為吉，可以令屋宅之主人心胸寬廣，做事順心。誠如朱雀方的明堂能見水無阻，或者能有寬大的馬路無限延伸，則是前途無量，主財旺且大富。

【後方．玄武．坎位】

玄武，是古代四大祥獸，稱為四祥獸之四的「玄武」。用其判斷環境風水的靠山，後方邊屬水的玄方位，代表北方，為人丁興旺、身體健康、長輩長壽等，其玄武方宜高大圓潤，雄偉壯觀，沒有缺角破損，屋後有靠山則主家中人丁興旺，身體健康。玄武，就是俗稱的靠山，要有連綿不絕的強大山體龍脈，給屋宅接地氣，讓人有一種很強的安全感。

於先秦的《禮記．曲禮》：「行前朱鳥而後玄武，左青龍而右白虎。」其《疏》：「前南後北，左東右西，朱鳥、玄武、青龍、白虎，四方宿名也。」提到這四象之左、右、前、後之方位祥獸屬性，在風水上泛指住宅後方的「靠山」，風水中講後方靠山應當充足，則是說後方宜高，左右呈環抱狀稱之為吉；代表有靠山，屏障充沛，無後顧之憂。這樣的一種風水格局，蘊含著中華傳統文化很重要的一種思想「**陰陽調和、和諧統一**」，以朱雀、玄武動靜結合，青龍、白虎陰陽和諧，這正是風水之道，象徵萬事萬物都需要平衡，方得和諧。

翔丰手札－005：

呈現出朱雀不見紅、玄武不落空、青龍高又長、白虎低又短，方為和諧佈局。

※、風水師的五點原則── 盡責、化解、祈福、破迷、勸善

相信風水的佈局，想成為一位受人尊敬又有德業的風水老師，依翔手多年的觀察與經驗，歸納出五點原則，供給初入門風水領域的有緣讀者參考。因為，要成為一位風水師並不難！但想要成為一位稱職受人尊敬的風水老師，必須是善心與德業要能兼具，本身的堪輿能力要能累積相當的經驗，化解與佈局的建議要能中肯不偏頗，最後還要能時常關心受委託屋主之後續改善與佈局發展。

風水師的五點原則之一「**盡責看風水**」。學習風水的過程，坊間很多書籍皆可供參考，看風水真的是不難，其風水煞氣與巒頭的辨識，很容易從日常生活中去得知端倪，主要是看風水的細節、陽宅的氣場、屋宅成員的生肖、屋宅附近環境的格局、電磁波的影響、隱藏危機的察覺、時辰的催發、通風與味煞的觀察、牆上掛飾的意境……都是要盡責去細細觀看，搭配羅盤方位的互參，不放過任何一個相關環節，是堪輿風水的首要原則。

風水師的五點原則之二「**化解其煞氣**」。堪輿風水的過程，會察覺到屋宅中煞氣與各項巒頭形勢，依照環境的格局，可分成好的佈局與壞的煞氣，如何讓好的格局更佳地加分！讓壞的煞氣能改善並且化解，是一門學問與佈局藝術，運用天地能量的輔助，再加上環境「陽

光充足、動線適宜、通風良好」之運用，以及天然綠色植物的妥善位置擺放，可以協助煞氣減緩與化解不良的意念格局，主要是能夠心平氣和地綜觀環境格局，將其不良、影響、妨礙之煞氣，用最自然與平和之方式，加以化解與改善其問題。

風水師的五點原則之三「**為陽宅祈福**」。評估風水的後續，會需要為陽宅祈福與淨化空間氣場，依照最天然的淨化方式，採用「天然精油、檜木精油、檀香煙燻」方式，為委託人之陽宅進行祈福與淨化，可讓空間環境去除霉氣、晦氣、味煞、穢氣，如此的祈福是運用大自然的力量，讓屋宅的空間氣場，恢復原始的純淨與清新，能使陽宅原本存在的煞氣減到最低，也能讓屋宅的運勢提升並幫助住在屋內成員，有煥然一新的氛圍感受，改善不和諧的氣場，是每一位風水師的任務與必做的職責。

風水師的五點原則之四「**破除其迷信**」。溝通風水的細節，會常聽到委託人的言語中，充滿著怪力亂神與仙佛菩薩的滿口經論，這時身為風水堪輿人員，必須要能精準判斷，在怪力亂神理論中，充斥著花大錢、祭改、魂魄論、鬼魅附體、動物靈、作法、方術幻影……之言語述論，應當要能以平和的語氣、緩和的聲調及堅定的眼神，告訴委託之屋主成員，風水堪輿是天地能量與環境學的一環，不應該用迷信的角度切入，用怪力亂神來解決陽宅問題。

稱職的風水老師應該是多善用天然綠色植物，來改善陽光、通風與動線的佈局，一定能扭轉風水的問題，最主要是引發人心的善念與正能量，絕對會破除不必要的謬論，突顯出風水師的專業形象，看風水能力更上一層樓。

風水師的五點原則之五「**勸人多行善**」。討論好風水的長遠之計，會需要稱職的風水老師，在看風水之餘，多盡一些心力來引導屋主及家族成員，多行善業與佈施，用善心、善念、善語、善思維、善行動，多多關心弱勢族群與需要幫助的親朋好友，自身成就善業，也要分享其他有緣親朋好友，一起成就善心的行列。如此的風水師才是稱職又專業的好老師，能與委託之屋主、家族成員，成為亦師亦友的風水老師，絕對能成為受人尊敬與德行兼具之良師。

翔丰手札－006：

看風水之前，多行善業與佈施；看風水之時，多深入勘察細節；看風水之後，多引導屋主發揮善心。

※、學風水的六個態度—真心、耐苦、輕財、熟練、仔細、不求

初入風水學習者的態度，絕對不可以「**高傲、自大、主觀**」。風水自入門到上手，必須熟悉很多基礎與經歷實作經驗，從第一家的相宅到第九十九家的堪輿經驗，都是一種學習與臨場體驗，應該要態度謙虛、身段柔軟、學習積極、不恥下問、勤作筆記、記誦口訣、改善修正、因應趨勢與時代背景，才能夠學習好風水，累積到了第一百家相宅，才是真正看風水的第一步開始。

學風水的第一個態度「**眞心造福**」。初入門的風水學習者，應該秉持著真心真意、為人造福的胸襟，不能因為學會風水堪輿及佈局應用，就趾高氣昂而高高在上，必須是謙虛再謙虛，低調地放低身段，發自內心地替委託人相宅並祈福，如此的發心，才是未來身為風水師應該持有的基本態度。

習風水的第二個態度「**不辭辛苦**」。從第一家的相宅到第九十九家的堪輿過程，都是學習的基礎，凡事皆由紮根開始，要展開第一家的相宅前，本身的基本功要熟悉並了然於心，七項學習基礎與記誦口訣、真訣的過程，有如運動健將的撞牆期，像馬拉松式的長途耐力賽，還要克服低潮及身體、腦力的負荷量，苦盡甘來之後才能通過層層考驗，進入第一家相宅的

堪輿，過程的回憶是如同「煎」與「熬」一般的艱辛，要不斷地自我「加油」與「打氣」，才能獲得美味的結果，如此的耐苦、勤奮才是未來身為風水師，應該學習的基本態度。

看風水的第三個態度「**不爲錢財**」。當通過九十九家的陽宅堪輿過程，是邁向正式相宅的第一百家做準備，這些過程只是印證風水學習者的佈局實習，絕對不能指定收費的數字，只能象徵性地收個紅包袋，包個紅與達到能量交換即可。不可為了錢財而去煩惱付出的多寡，這是初入門風水領域者的根本態度，素昧平生的委託人，讓屋宅給你堪輿及相宅之練習，讓你可以在錯誤中學習及成長，這是多麼需要感恩的一件事，應該心存感激地認真相宅與佈局練習，等達到第一百家屋宅的堪輿時，也是以「隨喜」的態度去相宅，由主人家決定要包多少紅包數字給你，不去要求與奢望，只要是盡心盡力地堪輿與祈福，相信委託人都是看在眼裡，真心誠意包在紅包袋的隨喜，才是你應得的歡喜數字，當成你下一場堪輿相宅之車馬費及盤纏，這是很喜悅的能量交換及隨喜功德。

相風水的第四個態度「**熟悉眞訣**」。堪輿相宅之前，有相當多的真訣必須熟悉，除了學習過程的勤做筆記之外，最好是能常常與老師及同門師兄弟切磋，平時多看看風水格局書籍，也需要多關心全球世界的局勢變化，將外在環境與趨勢轉變當成課題，與學習的真訣要領，整合互參之後，轉化成為你個人的獨特堪輿手法，如此的相宅模式是創新的應用，但是前提必須要熟悉七項基礎及九要真訣，在接下來的章節當中，皆會逐一地分享與揭示真訣的內容，未來身為風水師的你，在踏入風水領域的前三年之中，一定要熟悉真訣及善用基礎口訣，這是主動並積極學習的基本態度。

佈風水的第五個態度「**仔細堪輿**」。當你熟悉真訣及善用基礎口訣之後，累積第一百家屋宅的堪輿，是你成功與失敗的轉捩點，前面九十九家的相宅是練習的過程，受委託的主人家不會太過計較，只要是不出錯、不找麻煩、不刁難屋主之過程，都是可以安全過關的。但是，第一百家的相宅開始，則是要用戰戰兢兢的心境面對，用心並且仔細地堪輿相宅，將三年內所學習的筆記及手札，拿出來檢視與歸納，找出改善與佈局成功的案例，加以分析與匯整之後，應用於每一次的相宅堪輿之中，一定會一次比一次上手，每次的相宅心得可以寫下來，分享給屋主及委託人，讓大家瞭解你的用心與仔細，變成你成功的好口碑，才能一傳十、十傳百地介紹新客戶給你，如此的你才是受人尊敬的風水師，在每次相宅與堪輿時，這是應該維持的積極態度。

調風水的第六個態度「**不求回報**」。每次相宅與堪輿之完成時，應當是進行屋宅的煞氣化解、環境淨化、陽宅祈福及委託主人家族的堪輿分享。進行煞氣化解時，會付出精神力與分享化解之小物，這是風水師平時應當準備的祈福物品；另外進行環境淨化時，會需要透過檀香粉與檜木精油，進行環境格局的煙燻與淨化祈福，這也是風水師平時備妥的器具及耗材；最後是進行陽宅祈福的過程，會需要進行結手印與持唸平安經文，所以平時風水師準備的經文與心咒都應當熟記；還有為委託主人家族的堪輿分享，這是相宅之後的無私分享，可以允許委託人進行攝影與錄音或是寫下紀錄，提供後續改善與佈局之用途。以上的基本作業程序及無私的分享，都是未來身為風水師的你，應該認同與親力親為的基本態度。

翔丰手札－007：

相宅之後的無私分享，態度要謙虛、身段要柔軟、語氣要平緩、勿有恐嚇及怪力亂神之言語。

※、習風水的七項基礎——先後八卦、天干地支、河圖洛書、五行生肖、八方九宮、紫白飛星、羅盤立向

踏進風水領域的基礎學習，肯定是一步一腳印的腳踏實地，沒有一步登天的速成，舉凡是「八卦的順序與方位、天干與地支的甲子流年、河圖與洛書的數字與位置、五行相生及相剋、十二生肖的方位生剋、八方位與九宮格互參、紫白九星之順逆飛星、羅盤的氣口量測之運用」，都是初入風水領域的敲門磚，必須非常熟悉與實作運用，在尚未有堪輿經驗之前，這是硬底子功夫的學習與基礎，也是領悟看風水技巧必經的學習門檻。

方位風水學習的第一項「**先後八卦**」。接觸玄學的過程，八卦是少不了的學習基礎，而八卦分成「先天八卦」與「後天八卦」兩種排列方式，先天八卦也就是伏羲八卦，後天八卦即是文王八卦。

先天八卦，口訣順序：乾、兌、離、震、巽、坎、艮、坤。

方位排列：乾（南方）、兌（東南）、離（東方）、震（東北）、巽（西南）、坎（西方）、艮（西北）、坤（北方）。

伏羲八卦，是以：「**易有太極、是生兩儀、兩儀生四象、四象生八卦、八卦定吉凶、吉凶生大業**。」的生成原理所產生的，太極是天地未分，渾然為一的本體。而兩儀，可說是陰陽。其四象，為老陽、老陰、少陽、少陰。先天八卦則為，乾（天）、兌（澤）、離（火）、震（雷）、巽（風）、坎（水）、艮（山）及坤（地）。

後天八卦，口訣順序：離、坎、震、兌、巽、艮、坤、乾。

方位排列：離（南方）、坎（北方）、震（東方）、兌（西方）、巽（東南）、艮（東北）、坤（西南）、乾（西北）。

文王八卦，是以「**東、南、西、北**」的方位來定八卦的位置，由於這種排列法可配合方位，也因此更廣為應用在風水上。萬物出乎震，東方也；齊乎巽，東南也；離也者，南方之卦也；坤也者，西南也；兌其正秋也，西方也；戰乎乾，西北之卦也；坎者，正北方之卦也；艮，東北之卦也，萬物之所成終而所成始也。其後天八卦的定位，依此畫成正八角形的圖，即成後天八卦圖，為左東右西，上南下北。這樣的方位，正好是古時帝王「**面南坐北**」，而往南方看的方位剛好一致。

先後天八卦，使用時機：

先天八卦為體，用來占吉凶卦象。

後天八卦為用，用來看方位風水。

八字風水學習的第二項「**天干地支**」。天干和地支合稱干支；干支記錄年、日已經是使用了二、三千年。中國古代的計序符號，應用在農民曆是來記錄「**年、月、日、時**」的干支組合。干為主幹，支為分支，最早出現開始在商朝。後來人們根據年干訂定月干，又根據日干訂定時干，把年、月、日、時的干支合成生辰八字。

天干的十個符號：

分別是「**甲、乙、丙、丁、戊、己、庚、辛、壬、癸**」。

天干是十進位，容易直觀地計算。

地支的十二符號：

分別是「**子、丑、寅、卯、辰、巳、午、未、申、酉、戌、亥**」。

地支是十二進位，記錄時辰和月份。

干支組合是六十進位：

中國古代靈活地使用天干、地支之干支組合來表達年、月、日、時辰，這樣就出現了六十甲子之循環理論。

地支的十二時辰：

分別是「子時：23時至01時、丑時：01時至03時、寅時：03時至05時、卯時：05時至07時、辰時：07時至09時、巳時：09時至11時、午時：11時至13時、未時：13時至15時、申時：15時至17時、酉時：17時至19時、戌時：19時至21時、亥時：21時至23時」。

天干與五行符號和五方位：

分別是「甲乙為木：東方、丙丁為火：南方、戊己為土：中央、庚辛為金：西方、壬癸為水：北方」。

天干有分陰陽：

分別是「**甲**、**丙**、**戊**、**庚**、**壬**，屬陽；**乙**、**丁**、**己**、**辛**、**癸**，屬陰」。

地支有分四季：

分別是「冬：亥、子、丑（水）；春：寅、卯、辰（木）；夏：巳、午、未（火）；秋：申、酉、戌（金）」。

理氣風水學習的第三項「**河圖洛書**」。幾千年前的老祖宗，觀天象以訂四時、節氣、方位、以及恆星、行星的周天運行，而有洛書、河圖，以此解說其推演。河圖是指由一至十的自然數所構成的數字排列，用以表達五行的生成；而洛書則是一至九所構成的九宮格數，表達紫白飛星之排列生成。

《易經‧繫辭》曰：「河出圖，洛出書，聖人則之。」古代大禹治水之時，神龜載文於背，而出洛水，因之成九疇，謂之**洛書**。而伏羲氏於黃河處出現一匹龍馬，其身上有文彩圖案，謂之龍馬負圖，伏羲將其文字記載下來，謂之**河圖**。

河圖：是五行生成圖的最早記載，分別是「**天一，地二；天三，地四；天五，地六；天七，地八；天九，地十**」，其途中的「天數五，地數五」，五位相得而各有合。

洛書：是九宮及後天八卦的演化，分別是「**坎一、坤二、震三、巽四、中五、乾六、兌七、艮八、離九**」，後天八卦圖及紫白飛星之排列順序，依其演化而得來。

河圖、洛書，是中國曆數的源始，陰陽、五行、易經、八卦、占卜、風水的根本。

生旺風水學習的第四項「**五行生肖**」。中國古代哲學的一種宇宙萬物觀，將木、火、土、金、水五大類，稱為「五行」。是泛指宇宙間萬事萬物的五種不同屬性的抽象概括系統論。大自然的現象由「木、火、土、金、水」這五種氣的變化所形成，使宇宙萬物循環不間斷；強調整體概念，描繪了事物的結構關係和運動模式。

後來的應用，做為中國傳統文化的重要成分，涉及到中醫學、堪輿、命理、相術和占卜等方面。五行原來的意義是天地陰陽之氣的運行，亦即五個季節的變化，即是古人說的五時、五節、五辰、季節、節氣的概念運用。

五行可分為生剋：

五行相生：**木生火，火生土，土生金，金生水，水生木。**

五行相剋：**木剋土，土剋水，水剋火，火剋金，金剋木。**

五行可對應五行：

東方木、南方火、中央土、西方金、北方水。

五行可對應顏色：

木爲綠、火爲紅、土爲黃、金爲白、水爲黑。

五行可對應生肖：

木爲虎兔、火爲馬蛇、土爲龍狗牛羊、金爲猴雞、水爲鼠豬。

五行可對應現象：

木爲風、火爲熱、土爲濕、金爲燥、水爲寒。

五行之陰陽，可對應天干：

陽木為甲、陰木為乙。

陽火為丙、陰火為丁。

陽土為戊、陰土為己。

陽金為庚、陰金為辛。

陽水為壬、陰水為癸。

五行之陰陽，可對應地支：

陽木為寅、陰木為卯。

陽火為午、陰火為巳。

陽土為辰戌、陰土為丑未。

陽金為申、陰金為酉。

陽水為子、陰水為亥。

而風水應用之生肖，又稱屬象，是以十二種動物代表年份，稱為十二生肖，各屬象有不同的動物，為鼠、牛、虎、兔、龍、蛇、馬、羊、猴、雞、狗、豬。依次與十二地支（**子**、**丑**、**寅**、**卯**、**辰**、**巳**、**午**、**未**、**申**、**酉**、**戌**、**亥**）相搭配。農曆新年的生肖，也以象徵十二種動物為生肖代表，循環一次為一輪。

生肖可對應地支：

子鼠、丑牛、寅虎、卯兔、辰龍、巳蛇、午馬、未羊、申猴、酉雞、戌狗、亥豬。

方位風水學習的第五項「**八方九宮**」。堪輿風水的時候，應該要關注八方及九宮的吉凶方位，根據這些方位進行相應的家居風水佈局以及生肖化解。不論在買房子或租房子的時候，最好要尋找方正、平整、不歪曲的房子，格局不正的房子，當個人運勢好的時候，任何房子的格局影響力是不大的，但如果運勢不好的時候，所居住的房子格局就會依照生肖的催化而影響。

總之，所居住的房子格局一定的方正或是長方形，就不容易出現太多不可預期之氣場問題。

生肖可對應房屋缺角，對家庭成員運勢的影響：

1. 西北-缺角：影響家裡的老父親和男主人；影響生肖：**豬**、**狗**。
2. 正北-缺角：影響家裡的中子；影響生肖：**鼠**。
3. 東北-缺角：影響家裡的少男；影響生肖：**牛**、**虎**。
4. 東方-缺角：影響家裡的長子；影響生肖：**兔**。
5. 東南-缺角：影響家裡的長女或者長媳婦；影響生肖：**龍**、**蛇**。
6. 南方-缺角：影響家裡的中女；影響生肖：**馬**。
7. 西南-缺角：影響家裡的老母親或女主人；影響生肖：**羊**、**猴**。
8. 西方-缺角：影響家裡的少女；影響生肖：**雞**。
9. 中宮-廁所：影響**九紫流年**的家裡財運。

生肖對應房屋缺角，如何化解影響：

1.東方-缺角：則掛兔畫或兔子造型物。
2.東南-缺角：可以掛龍畫或擺放龍造型物。
3.南方-缺角：掛生肖馬畫或擺放馬造型物。
4.西南-缺角：掛羊、猴畫或者擺放羊、猴造型物。
5.西方-缺角：掛雞畫或擺放雞造型物。
6.西北-缺角：掛狗、豬畫或擺放狗、豬造型物。
7.北方-缺角：掛鼠畫或擺放鼠造型物。
8.東北-缺角：掛牛畫或擺放牛造型物。
9.中間-廁所：用正財元寶擺放或懸掛物。

玄空風水學習的第六項「**紫白飛星**」。當風水從巒頭的形勢走向理氣的應用，紫白飛星是必學的基礎。此理論依洛書之數序所順飛或是逆飛移動，古籍中記載：「洛書者，二四為肩、六八為足、左三右七、載九履一、五居中央。」將其九個宮位數，搭配以顏色，一白、二黑、三碧、四綠、五黃、六白、七赤、八白及九紫；對應以五行，一水、二土、三木、四木、五土、六金、七金、八土、九火，以推算風水之位置吉凶與星曜。

風水運用，紫白飛星：

一白、二黑、三碧、四綠、五黃、六白、七赤、八白、九紫。

紫白順飛：

五入中宮、六入西北、七入西宮、八入東北、九入南宮、一入北宮、二入西南、三入東宮、四入東南。

紫白逆飛：

五入中宮、四入西北、三入西宮、二入東北、一入南宮、九入北宮、八入西南、七入東宮、六入東南。

五顆吉星：

一白水（貪狼星）：事業、人緣。

四綠木（文昌星）：文昌、學業。

六白金（武曲星）：權力、事業。
八白土（左輔星）：財位、財星。
九紫火（右弼星）：喜慶、鎮財。

四顆凶星：

二黑土（巨門星）：招災、惹禍。
三碧木（祿存星）：口舌、官非。
五黃土（廉貞星）：病符、病痛。
七赤金（破軍星）：盜賊、小人。

量測風水學習的第七項「**羅盤定向**」。中國風水學上所用到的工具，古代中國的指向工具。又稱羅經、羅庚、羅盤等，是風水師從事風水活動不可沒有的重要工具。羅盤是現代指南針的前身，以「卯」代表東方、以「午」代表南方、以「酉」代表西方、以「子」代表北方、以「巽」代表正東南、以「坤」代表正西南、以「乾」代表正西北、以「艮」代表正東北。

羅盤的二十四山：

量測其方位來判斷吉凶的位置，每個方位佔十五度，稱為二十四山。是甲、卯、乙；辰、巽、巳；丙、午、丁；未、坤、申；庚、酉、辛；戌、乾、亥；壬、子、癸；丑、艮、寅。

羅盤的天圓地方：

當成為立向、納水之用，每盤的呈現用法，都有一定之理與法，羅盤的底盤正方形，代表地，中間圓形，代表天，稱為天圓地方。

羅盤的三組成盤：

1. **內盤**：呈現正圓形，中央是一個圓形天池（即定向用的指南針），外面是銅面的活動轉盤，稱內盤或圓盤。
2. **天池**：呈現小圓形，也叫海底，是指南針觀看之用，由頂針、磁針、海底線、圓柱形外盒、玻璃蓋組成。
3. **外盤**：呈現正方形，是內盤的托盤，在四邊外側中點各有一小孔，穿入紅線成為天心十道，可進行校準。

羅盤的立向呈現：

北方-指向「子」、南方-指向「午」。
西北-指向「乾」、東北-指向「艮」。
東方-指向「卯」、西方-指向「酉」。
西南-指向「坤」、東南-指向「巽」。

翔丰手札-008：

風水學習之基礎，先熟八卦再是干支流年，理氣與巒頭的互參，紫白方位都是不可缺少的概念。

※、看風水的八大步驟—接受委託、地址確認、量測坐向、觀察環境、看門主灶、觀前後方、看其廁所、爲人祈福

當風水學習到一段時間，必須要親自去堪輿相宅，才能夠有所進步，絕對不可以「閉門造車、紙上談兵」。風水的經驗必須要慢慢地累積，才能上手與熟練，必須熟悉很多基礎與相宅實務經驗，學習現場觀看、煞氣比對、格局印證、謙虛和善、勤做筆記、不斷修正，才是學習看風水的基本思維。

相宅風水的第一個步驟「**有屋主的委託**」。學習書本上風水過程，只能看到皮毛與文字論述，親自去相宅才能深入宅形格局的體悟，感受天地磁場所賦予的能量氣場。所以，每次的看屋相宅必須是有屋主的委託，才能應用所學的堪輿技巧，幫助委託人相宅，以正規方式為委託屋主及其家人改善居家煞氣與妥善佈局。不能沒有委託人的邀請，只是到朋友家或親人家遊玩，就自作主張地自行相宅與堪輿一番，這是不禮貌的！不符合時宜！這樣是不如法的！也是不尊重別人感受及藐視看風水專業的不良行徑。沒有委託的邀請，就放寬心不去看、不去想、不去說，這個委託步驟是相當重要。

進行風水的第二個步驟「**確認陽宅地址**」。當有屋主的委託步驟之後，接著就是先自行做功課，將受委託的屋宅地址，先用網路地圖瞭解一下，受委託的屋宅是座落在何處？附近是否有山形或是河川、是否有橋墩或是快速道路、是否有電塔或是電磁波的設施、是否有其他高樓或是特殊建築物……等等，這些是相宅時無法即時用肉眼觀看，可藉由網路地圖的鳥瞰視角，預先一探究竟，找出大環境的問題點，進而到達現場時，可以縮短相宅的評估會堪時辰。預先確認陽宅之地址所在地，能準時到達受委託之屋宅處，不遲到不延時，維持敬業的守時態度，也能讓委託之屋主，尊敬並佩服其風水老師的專業度。

立向風水的第三個步驟「**量測方位坐向**」。到達堪輿的現場，在未入屋宅之前，於大門的氣口處，就應該先量測該屋宅方位坐向。量測方式有三種工具，分別是「傳統羅盤、實體指南針、手機 app 指南針軟體」皆是可以使用，如果是手機 app 指南針軟體，記得要以「8」呈∞字形，先進行校對再測量。站在大門的氣口處，背對著屋宅門口，面朝前方並手持量測工具，立向出該屋宅的「坐山、出向」之方位，此時身為風水師的你，心中應該就有方向概念，對於前、後、左、右的格局關係，必須了然於心，接下來即可開始相宅的下一步驟。

確認風水的第四個步驟「**觀察住宅環境**」。明白委託屋宅的「坐山、出向」之方位後，進入屋宅之前，還是要觀察一下左右前後的環境，看看是否有天羅地網？是否有龜裂尖銳物？是否有電箱電塔？是否有河川溪流？是否有路沖巷煞？是否有嫌惡設施？是否有味煞光煞？是否有廢墟廟角？是否有樹沖葉蔭？是否有大型藝術路標？是否有壓迫建築物……等等屋宅附近相關設施之外六事（巷路、池井、坑廁、畜欄、壇廟、橋樑）觀察，才能在進入屋內的格局討論中，比較出內外差異與煞氣影響之層層面向。

首要風水的第五個步驟「**入門看門主灶**」。進入屋內的格局相宅中，首先是觀看「門、主、灶」。當一踏入大門開始，就是相宅的開端，在大門處就有很多格局的堪輿技巧，大門是看風水之第一要素，門是全屋的吉凶所在，一宅之門，稱為氣口，氣從門進出，不同氣體、能量在此進行交換。

門：門與屋的大小要配置適當，屋大門小稱為「閉氣」，居住者易生病；屋小門大稱為「洩氣」，退財格局，會使財運變不好。屋宅面積大應該開大門，氣喜迴旋，忌直沖至後廚房或是前陽台。開門位置避開門對門、門對窗，氣流容易被沖散，氣不能聚於屋內，導致運勢不旺。

主：現代的屋宅家居，即主人居住的臥房。臥房是佔了人一生約三分之一的時間，臥房風水的好壞，影響生活品質和主人夫妻的運勢。床的擺放方位要靠牆而安置，主臥室空間不宜大，大則散氣，小空間才能聚氣；牆上不宜掛畫與尖銳藝術品；盡量不擺放電視與視聽設備；通風窗戶也不宜過大；牆上安置小夜燈可以安心舒眠；床面正上方不宜有燈；衣櫃不宜靠床邊太近……等等，都是應該謹慎注意，仔細堪輿並調整之處。

灶：現代的灶，可以對應到我們現代的廚房。廚房是女人的健康，所以廚房可以說是對女主人的健康影響最大。廚房的五行屬火格，產生油煙之熱氣對女主人的產生的影響非常明顯，堪輿過程必須仔細相宅。爐火與洗碗槽不應相鄰；烹煮之位置不宜背對廚房門口；爐火與冰箱門不宜正對面；刀具的擺放位置要留心小朋友可拿到的高度；熱水器不宜裝在廚房內；插手紙巾等易燃物不宜靠近爐火太近；冰箱與微波爐或是烤箱不宜共用插座；埋在櫃子下的延長線必須拉出檢視……等等，都是身為風水師的相宅細節，應該要謹慎並仔細堪輿之處。

事業風水的第六個步驟「**再觀前後陽台**」。相宅入門三要「門主灶」之後，接著步驟就是看屋宅的前後陽台，前陽台是男主人的事業運途；後陽台是男主人的漏財罩門。屋宅的事業宮是看前陽台的寬闊與整齊程度，前陽台越是寬闊的事業運，絕對是旺運的，堪輿過程要仔細察看前陽台的「環境、通風、擺設、格局、方位」，能決定與改善屋宅男主人的事業與工作運。再則是走到後陽台處，觀察是否有穿堂煞？是否有屋角煞？是否有探頭煞？是否有屋脊煞？是否有霉味臭氣……這都是漏財的格局，一定要協助改善與誠信告知委託的屋主。

健康風水的第七個步驟「**最後看其廁所**」。看完成前後陽台的格局之後，緊接著步驟是看屋宅的廁所。每一間廁所都要察看，樓上樓下的廁所、屋宅外面的廁所、主臥房的廁所、透天厝之頂樓廁所……等等，都要仔細檢查，是否有馬桶對外？是否有通風小窗？是否有抽風設備？是否裝有小夜燈？是否有芳香設備？是否方位在該年的破財位方？這些影響健康與損財格局，一定要據實告知屋主並協助佈局之改善。

祈福風水的第八個步驟「**爲主人家祈福**」。到了相宅的最後一個步驟，就是將步驟二到步驟七的每個細節，再重複一次給委託屋主，檢視每一個佈局的過程，逐一比對屋主的紀錄或是錄音，哪些是好的格居？哪些是待改善的佈局？都要清楚並且講明白，讓屋主了瞭解問題所在，絕對不可以危言聳聽、怪力亂神、趁機斂財…等等不良行徑。完成所有的溝通之後，身為風水師的你，接下來就是要「為主人家祈福」，有三種方式的祈福，分別是「**檀香煙燻**、**檜木精油淨化**、**五帝錢祈福**」三種方式。

檀香煙燻：在屋宅的各個角落處，用香爐裝著檀香煙燻，可淨化空間與旺運屋宅氣場。

檜木精油淨化：可以塗抹屋宅中的吉祥物品、木藝術品、水晶礦石、晶洞奇石……等淨化並提升能量。

五帝錢祈福：可於壓樑處、壁刀處、路沖處、頂心處、屋角處……等煞氣方懸掛，可祈福擋煞並增加好運勢。

翔丰手札－009：

為主人家祈福，是考驗身為風水師的你，最重要的功德，薰香、淨化、納福，全憑經驗累積與誠心。

三、風水師之佈局判斷

※、堪輿之佈局與判斷步驟：

一、先看整體，畫出各個位置圖，找出中心立極點，等分12條線，再定線「**地支方位佈局圖**」。

二、再看此格局所犯之問題所在的「方位」、「宮位」、「地支位」。

三、核對兩個以上之法則，佈局架構與催發即可得出。

四、堪輿判斷四項法則如下：

「**分房斷訣**」：左、右、男、女、陰、陽。

「**生肖卦位斷訣**」：地支對應之生肖。

「**十字線斷訣**」：能量被分配到四個生肖。

「**理氣三合斷訣**」：三個影響生肖。

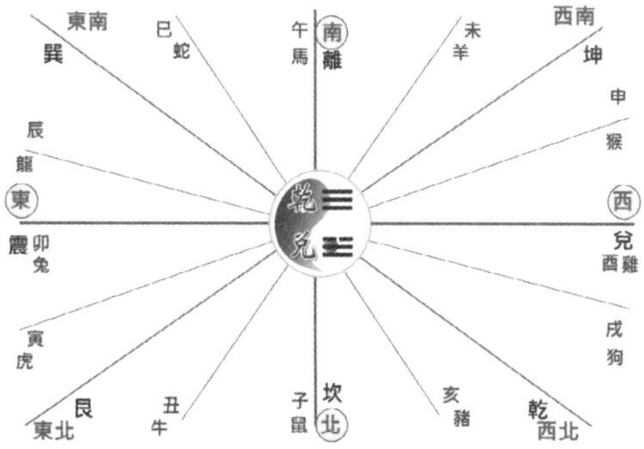

【堪輿之地支方位佈局圖】

※、堪輿判斷四項法則之一：分房斷訣

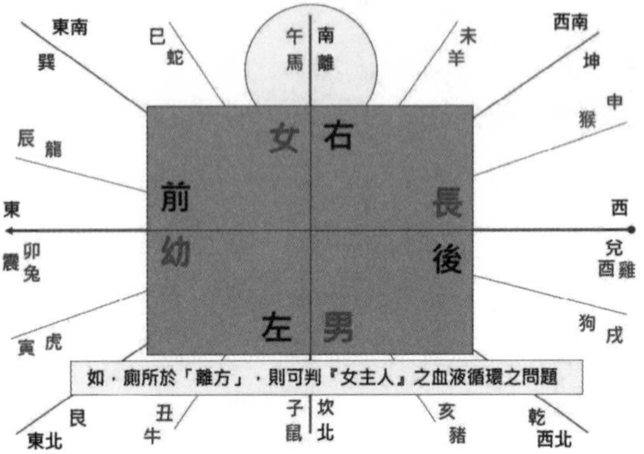

【法則一：分房斷訣圖】

※、堪輿判斷四項法則之二：生肖卦位斷訣

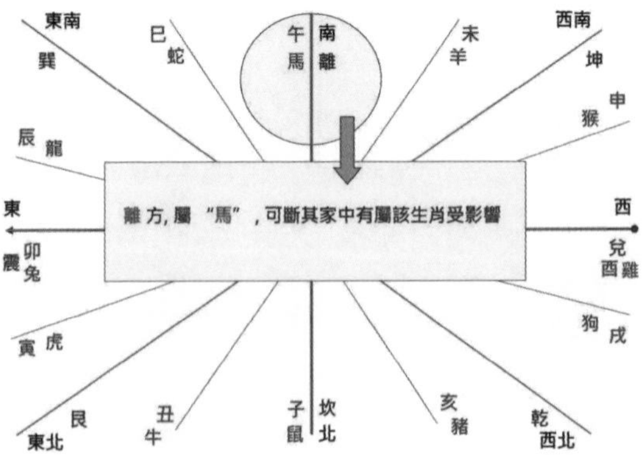

【法則二：生肖卦位斷訣圖】

※、堪輿判斷四項法則之三：十字線斷訣

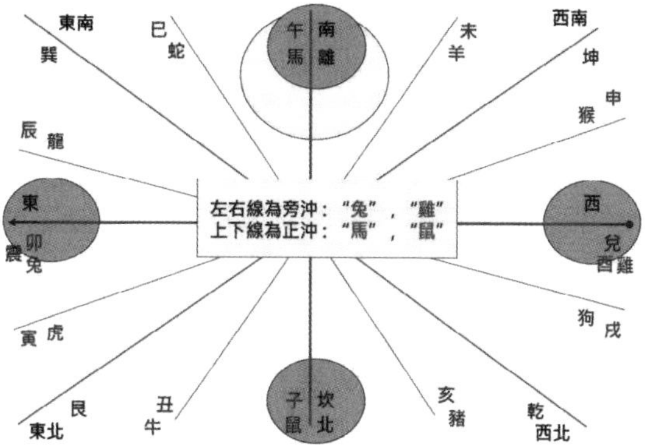

【法則三：十字線斷訣圖】

※、堪輿判斷四項法則之四：理氣三合斷訣

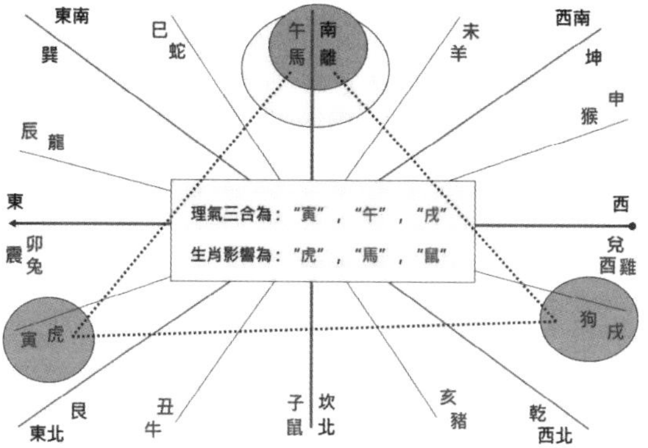

【法則四：理氣三合斷訣圖】

※、堪輿之套用地支方位佈局之一：

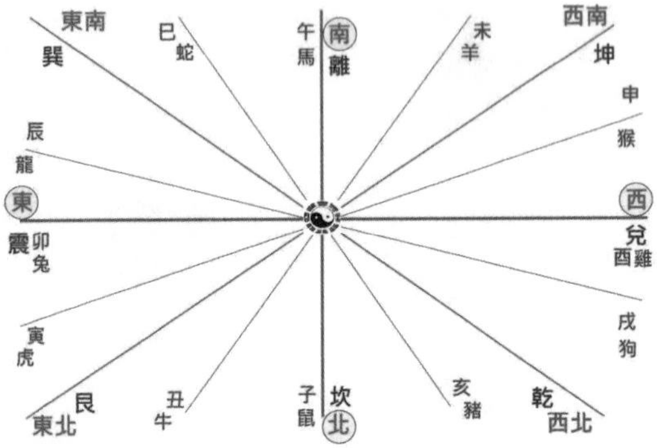

【堪輿之地支方位佈局圖】

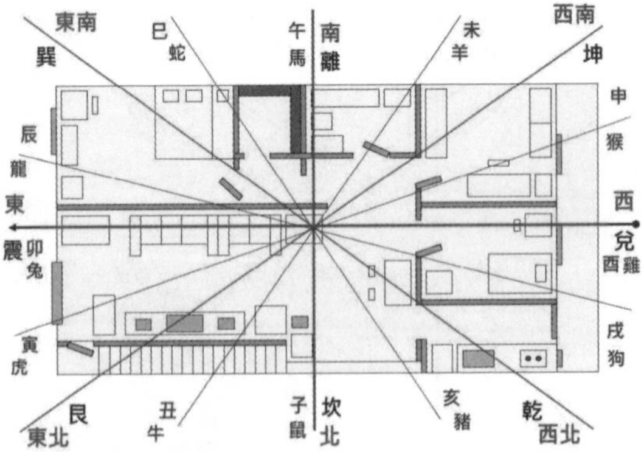

【套用入地支方位佈局圖一】

※、堪輿之套用地支方位佈局之二：

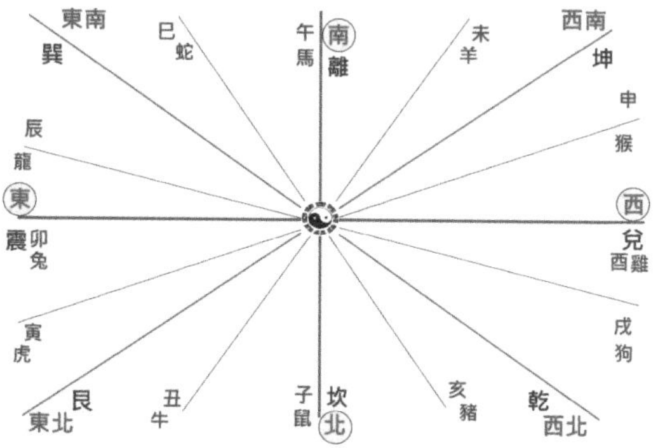

【堪輿之地支方位佈局圖】

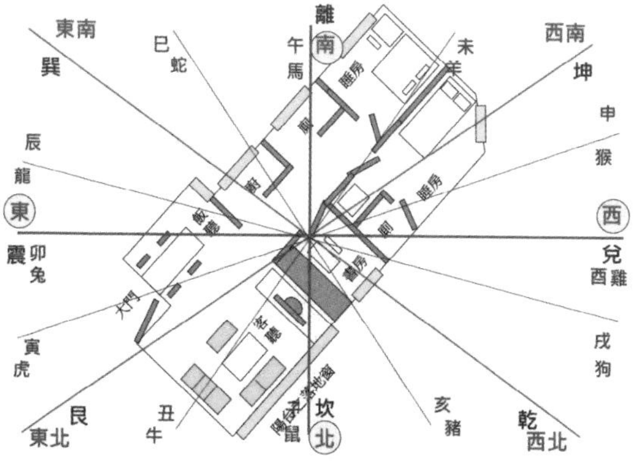

【套用入地支方位佈局圖二】

※、堪輿之套用地支方位佈局之圖三：

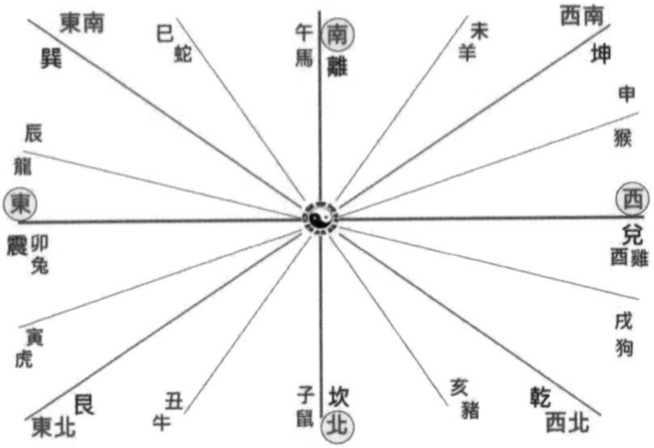

【堪輿之地支方位佈局圖】

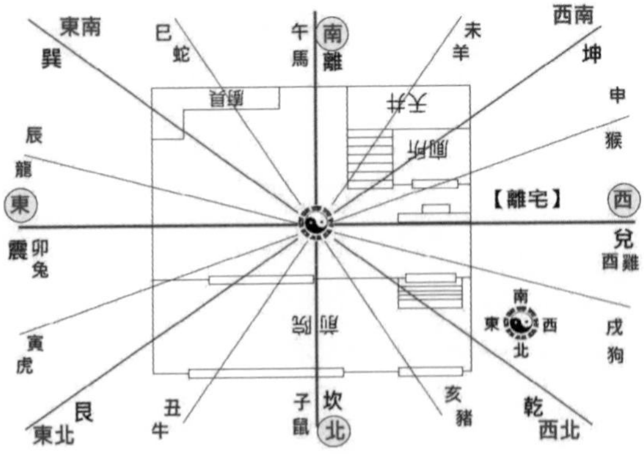

【套用入地支方位佈局圖三】

翔丰手札－010：

風水師之堪輿判斷「分房斷訣、生肖卦位斷訣、十字線斷訣、理氣三合斷訣」是極準驗之催發原則。

※、風水造福三觀念：

↓醫者為害只損一人；風水者為害損人一族。

↓命由我造，福自己求；相信積善之家必有餘慶。

↓幫助委託人勘察陽宅，應心平氣和，真心地幫助委託人，細心勘察，勿怪力亂神，妖言惑眾，恐嚇索財，會損自身之德壽。

※、堪輿風水之首重思維：

一、風水寶地：**宅外環境、明堂寬闊、山環水抱、藏風聚氣**。

二、風水並非是「**風生水起**」，而是要「**藏風聚氣**」，才是真理。

三、風水，乘生氣也！**氣乘風則散，界水則止**，古人聚之使不散，行之使有止，故曰風水。

四、風水以氣為主，**聚氣一定會旺**。

五、古云：地有「地氣」，水有「水氣」，人亦有「人氣」，**氣聚則旺，氣弱叫衰，氣散則亡**。

六、堪察龍脈，尋找山川走勢，找出地理之氣旺處，以決定陰陽宅建築物的之坐向，量其旺衰之方位，求取長遠吉祥之旺運時間。

七、巒頭為體、理氣為用↓陽宅斷法，**首重巒頭、次重理氣**。

八、改變命運五法↓**一命、二運、三風水、四積陰德、五讀書**。

翔丰手札－011：

秉持著積善之家必有餘慶，行善之家的風水會有福報，有地氣、水氣、人氣之佈局，會福地福人居。

第貳章

風水相・六大心法

第貳章

風水相　六大心法

現代人提倡 DIY 之自己動手做，看風水與陽宅格局，不外乎也可以動手自己來。首先相宅的第一步，準備好有陀螺儀的手機或平板，跟著翔丰一起為你自己的居家看風水吧！先歸納出六項看風水相宅的快速心法，讓各位讀者們學習居家相風水的基本觀念，如下所示：

心法一：站氣口、量坐向；拿手機羅盤站在居家門口，測量大門口的納氣方位。

心法二：查宅名、辨宅命；查詢居家屋宅的坐向方位，可辨視出東西宅向運格。

心法三：定財位、補財運；以紫白飛星定線屋宅的財位方，可補運破財庫之處。

心法四：尋文昌、旺四綠；以紫白飛星尋找屋宅的文昌位，旺運合適四綠方位。

心法五：探命格、相五行；採用屋主出生年，查出屋主的天運命格及五行輔助。

心法六：合二元、佈零正；藉由風水的二元零正，為家宅佈局與合運零正格局。

藉由科技工具的進步，使得每個人都能人手一台智慧手機，可輕易下載羅盤軟體或指南針的工具，在居家住宅、工作職場當中，能隨時隨地拿起手機來為自己或朋友看風水與環境格局。

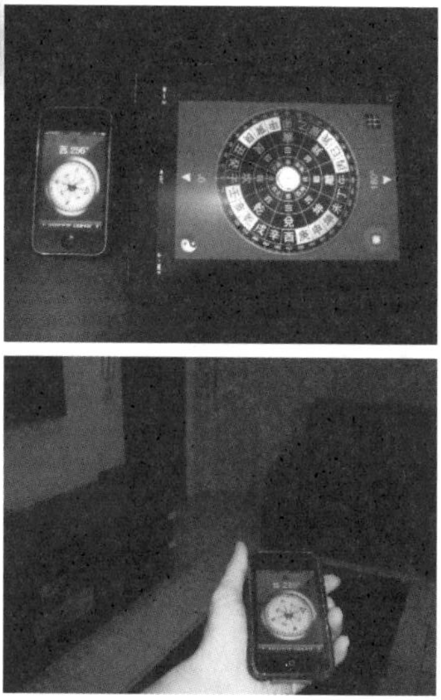

準備好你的手機或平板，下載羅盤軟體或指南針的工具，爲你自己居家相宅

翔丰手札－012：

準備有陀螺儀的手機或平板，再下載羅盤軟體或指南針的APP，能輕易地隨身找出屋宅的坐向方位。

一、心法一：站氣口、量坐向

針對居家陽宅之坐向測量，首先一定要先找家宅之「**陽台或大門出入口**」之氣口處，才能以手機羅盤來測量家宅坐向。在氣口處將手機或平板之簡易羅盤打開來測量其「坐山、出向」，才能繼續依中心點來規劃成九宮格、八卦方位及十二地支方位之判斷，該宅吉凶與平安與否。用手機或平板的羅盤，向著「**出入門之屋內**」測量，所測量出來之數據方向，其靠近自己身體之方向為「**出向**」，而向內量測之方向為「**坐山**」。

採用電子羅盤所測量出來之數據方向，可見該宅量出之方向為「出向－東南方」而「坐山－西北方」，如此依其坐山之方位，可以判斷該宅為「**乾宅**」。

以手機或平板的羅盤來測量家宅坐向，測量其「坐山、出向」

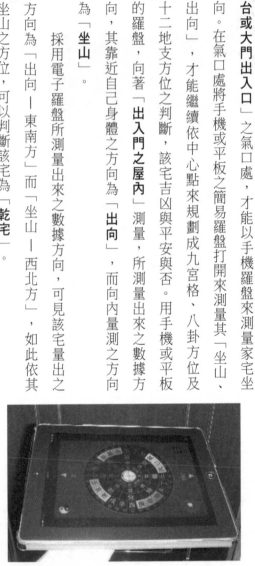

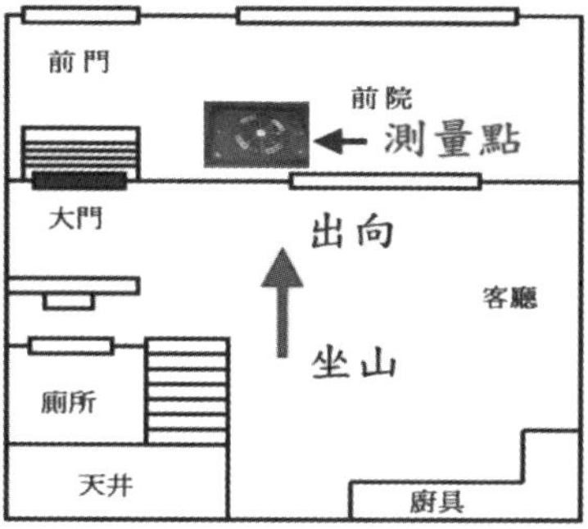

宅 名	坐 山	出 向
乾 宅	西北方	東南方
坤 宅	西南方	東北方
震 宅	正東方	正西方
巽 宅	東南方	西北方
離 宅	正南方	正北方
坎 宅	正北方	正南方
兌 宅	正西方	正東方
艮 宅	東北方	西南方

表格一：依坐山方向，查詢為何「宅名」

輕鬆地測量出來居家陽宅之坐山方位，依其表格一可查詢自己居家的宅向名稱，提供給各位讀者快速查詢自己屋宅的坐向。

【自我練習】

※、練習一：

用手機在大門入口處，量出該陽宅之方向為「出向－西北方」而「坐山－東南方」，可以查詢表格一出此屋宅之方位，為「**巽宅**」。

※、練習二：

用平板下載羅盤軟體後，在入口陽台處，量出該屋宅之方向為「出向－正北方」而「坐山－正南方」，可以查詢表格一，得知此陽宅之方位，為「**離宅**」。

※、練習三：

採用指北針小羅盤在透天厝的大門入口處，量出該透天厝之方向為「出向－東北方」而「坐山－西南方」，透過表格的坐山方，可以查詢表格一之透天厝宅名，為「**坤宅**」。

※、練習四：

採用指南針之登山羅盤在公寓大樓的大門陽台入口處，測量出該樓層之坐向方向為「出向－西方」而「坐山－東方」，透過上述表格的坐山方，可以清楚查詢表格一其該樓層，為「**震宅**」。

※、練習五：

當你採用手機所內附之指南針軟體，請先呈∞字形的磁場校對，完成後在大樓之大廳一樓處，面對大門入口處，測量出該大樓之坐向方向為「出向－正東方」而「坐山－正西方」，透過查詢表格一的坐山方查詢，可得知該大樓之宅名，為「**兌宅**」。

※、練習六：

採用專業的指南針，測量華夏的大門陽台處，測量出該華夏之坐向方位為「出向－正南方」而「坐山－正北方」，透過上述表格一的坐山方，可以清楚查出該華夏，為「**坎宅**」。

翔丰手札－013：

居家陽宅之測量，一定要經過磁場校正，可繞「∞字形」校正；身上盡量少配戴「磁性物品」，以減少電磁波干擾。

二、心法二：查宅名、辨宅命

當電子羅盤所測量出你居家坐山之方位後，再依表格一查詢出你所居住的陽宅方位，可得知自己居家的宅向測量名稱，更進一步依照宅向名稱要再確認出東西四宅之宅命格。依照下列表格二，可以讓你查詢宅命格的紫白星曜名稱。

承心法一的測量坐山方位，為「出向－東南方」而「坐山－西北方」，判斷該宅為「**乾宅**」，所以可再得知紫白星曜為「**六白**」，屬於是「**西四宅**」的命格之人居住。所以，一般測量並辨識宅名之後，還會比對其每一人所專屬之「**宅命**」，其東四命之宅就是適合東四命之人；而西四命之宅就會適合西四命之人。

【自我練習】

宅命	紫白	宅名	坐山	宅命	紫白	宅名	坐山
東四宅	三碧	震宅	正東	西四宅	六白	乾宅	西北
	四綠	巽宅	東南		二黑	坤宅	西南
	一白	坎宅	正北		七赤	兌宅	正西
	九紫	離宅	正南		八白	艮宅	東北

表格二：依宅名，可查詢宅命格的「紫白星曜」

※、練習一：

當採用電子羅盤測量出該樓層之坐向方向為「**坎宅**」，查詢表格二可以得知紫白星曜為「**一白**」，屬於是「**東四宅**」的命格之人居住。

※、練習二：

用平板之電子羅盤量出該屋宅之方向為「**震宅**」，查詢表格二可以得知紫白星曜為「**三碧**」，屬於是「**東四宅**」的命格之人居住。

※、練習三：

使用手機之電子羅盤在大門，量出透天屋宅之入口處方位，為「**兑宅**」，查詢表格二可以得知紫白星曜為「**七赤**」，屬於是「**西四宅**」的命格之人居住。

下列表格四與表格五可以讓你查詢到專屬你自己的「**宅命格**」！依三元九運之**五運**到**九運**之一百年間整理其男女之宅命格，希望能讓讀者能快速查詢表格之後，知曉個人之宅命格為何?以搭配個人合適之宅名，來成就美好人生與好運勢，讓居家陽宅之居住，能越住越平順與達到好旺運。

上元	一運	西元 1864 年~1883 年
	二運	西元 1884 年~1903 年
	三運	西元 1904 年~1923 年
中元	四運	西元 1924 年~1943 年
	五運	西元 1944 年~1963 年
	六運	西元 1964 年~1983 年
下元	七運	西元 1984 年~2003 年
	八運	西元 2004 年~2023 年
	九運	西元 2024 年~2043 年

表格三：此表格是 180 年之「三元九運」年表

古人云：「**東四命人宜住東四宅；西四命人宜住西四宅**」。因為家宅住久了上，會有「人屋一體」之感應，其陽宅以人為主，以坐山方向為用，以大門處為納氣口。所以只要知道自己之何宅命後，選擇及住對宅向之宅屋，就會發生感應及好磁場、好運勢，能達到催官、催財又催丁之意想不到的好處。

當你量出家宅之「坐山、出向」後，由表格二可得知該宅為何宅！再查表格四與表格五之男女宅命表，確認住在該宅之人為何宅命格！如此相互配合，東四命之人住東四命之宅，西四命之人住西四命之宅，成就好風水、好人生，就絕非難事。

上列表格三為**五運之** 1944 **年，到九運之** 2043 **年整理**，依男子與女子之出生年次，依序歸納表格四與表格五之不同宅命格，方便讀者們隨時查詢之使用。

【男子宅命格】表格四：依出生西元年，可查詢男子適合之「宅命格」

西元	生肖	宅 命	西元	生肖	宅 命
1944	猴	西四命	1964	龍	東四命
1945	雞	東四命	1965	蛇	西四命
1946	狗	東四命	1966	馬	西四命
1947	豬	西四命	1967	羊	西四命
1948	鼠	西四命	1968	猴	西四命
1949	牛	西四命	1969	雞	東四命
1950	虎	西四命	1970	狗	東四命
1951	兔	東四命	1971	豬	西四命
1952	龍	東四命	1972	鼠	東四命
1953	蛇	西四命	1973	牛	東四命
1954	馬	東四命	1974	虎	西四命
1955	羊	東四命	1975	兔	西四命
1956	猴	西四命	1976	龍	西四命
1957	雞	西四命	1977	蛇	西四命
1958	狗	西四命	1978	馬	東四命
1959	豬	西四命	1979	羊	東四命
1960	鼠	東四命	1980	猴	西四命
1961	牛	東四命	1981	雞	東四命
1962	虎	西四命	1982	狗	東四命
1963	兔	東四命	1983	豬	西四命

西元	生肖	宅 命		西元	生肖	宅 命
1984	鼠	西四命		2004	猴	西四命
1985	牛	西四命		2005	雞	東四命
1986	虎	西四命		2006	狗	東四命
1987	兔	東四命		2007	豬	西四命
1988	龍	東四命		2008	鼠	東四命
1989	蛇	西四命		2009	牛	東四命
1990	馬	東四命		2010	虎	西四命
1991	羊	東四命		2011	兔	西四命
1992	猴	西四命		2012	龍	西四命
1993	雞	西四命		2013	蛇	西四命
1994	狗	西四命		2014	馬	東四命
1995	豬	西四命		2015	羊	東四命
1996	鼠	東四命		2016	猴	西四命
1997	牛	東四命		2017	雞	東四命
1998	虎	西四命		2018	狗	東四命
1999	兔	東四命		2019	豬	西四命
2000	龍	東四命		2020	鼠	西四命
2001	蛇	西四命		2021	牛	西四命
2002	馬	西四命		2022	虎	西四命
2003	羊	西四命		2023	兔	東四命

西元	生肖	宅 命	西元	生肖	宅 命
2024	龍	東四命	2034	虎	西四命
2025	蛇	西四命	2035	兔	東四命
2026	馬	東四命	2036	龍	東四命
2027	羊	東四命	2037	蛇	西四命
2028	猴	西四命	2038	馬	西四命
2029	雞	西四命	2039	羊	西四命
2030	狗	西四命	2040	猴	西四命
2031	豬	西四命	2041	雞	東四命
2032	鼠	東四命	2042	狗	東四命
2033	牛	東四命	2043	豬	西四命

當你量出家宅之坐山、出向後，可得知該宅為何「**宅名**」！如你是男子就查詢「**男子宅命格**」之表格四，確認住在該宅之人為何宅命格！如此相互配合，宅命格與宅名是一致性的話，福地福人居的運勢，會越居住越平步青雲呀！

【自我練習】

※、練習四：

當楊姓男子，是1962年次生，查詢表格四「男子宅命格」得知為肖虎的命格，依表格四所示應為「**西四命**」之人，所居住的陽宅住家，採用指南針測量宅名為「**坤宅**」，再查詢上表格二可以得知紫白星曜為「**二黑**」，屬於是「**西四宅**」的命格之人居住，正好符合楊姓男子的居住運勢。

※、**練習五：**

當石姓男子，是 1978 年次生，查詢表格四「男子宅命格」可得知為肖馬的命格，依表格四所示應為「**東四命**」之人，所居住的高樓大廈之住家，採用手機之羅盤測量宅名為「**坎宅**」，再查詢上表格二可以得知紫白星曜為「**一白**」，屬於是「**東四宅**」的命格之人居住，也正好可以符合石姓男子所居住的大廈好運勢。

※、**練習六：**

有一位歐姓男子，父母要為他買一間新婚的公寓，男子是 1981 年次生，查詢表格四「男子宅命格」可得知為肖雞的命格，依表格四所示應為「**東四命**」之人，所欲購買的居住新婚公寓之住家，採用專業之羅盤測量宅名為「**乾宅**」，再查詢上表格二可以得知紫白星曜為「**六白**」，屬於是「**西四宅**」的命格之人居住，因為此公寓尚未付訂金，歐姓男子之父母可以再行選擇其他公寓，

翔丰手札－014：

測量方位，陽宅以人為主，以坐山方向為用，視大門處為納氣口，辨識紫白星曜的宅命，相當重要。

選擇可以符合東四命之新婚的公寓來讓歐姓男子居住，方可營造出好運勢、好磁場與好命格。

【女子宅命格】表格五：依出生西元年，可查詢女子適合之「宅命格」

西元	生肖	宅 命	西元	生肖	宅 命
1944	猴	東四命	1964	龍	西四命
1945	雞	西四命	1965	蛇	西四命
1946	狗	西四命	1966	馬	西四命
1947	豬	西四命	1967	羊	東四命
1948	鼠	西四命	1968	猴	東四命
1949	牛	東四命	1969	雞	西四命
1950	虎	東四命	1970	狗	東四命
1951	兔	西四命	1971	豬	東四命
1952	龍	東四命	1972	鼠	西四命
1953	蛇	東四命	1973	牛	西四命
1954	馬	西四命	1974	虎	西四命
1955	羊	西四命	1975	兔	西四命
1956	猴	西四命	1976	龍	東四命
1957	雞	西四命	1977	蛇	東四命
1958	狗	東四命	1978	馬	西四命
1959	豬	東四命	1979	羊	東四命
1960	鼠	西四命	1980	猴	東四命
1961	牛	東四命	1981	雞	西四命
1962	虎	東四命	1982	狗	西四命
1963	兔	西四命	1983	豬	西四命

西元	生肖	宅命	西元	生肖	宅命
1984	鼠	西四命	2004	猴	東四命
1985	牛	東四命	2005	雞	西四命
1986	虎	東四命	2006	狗	東四命
1987	兔	西四命	2007	豬	東四命
1988	龍	東四命	2008	鼠	西四命
1989	蛇	東四命	2009	牛	西四命
1990	馬	西四命	2010	虎	西四命
1991	羊	西四命	2011	兔	西四命
1992	猴	西四命	2012	龍	東四命
1993	雞	西四命	2013	蛇	東四命
1994	狗	東四命	2014	馬	西四命
1995	豬	東四命	2015	羊	東四命
1996	鼠	西四命	2016	猴	東四命
1997	牛	東四命	2017	雞	西四命
1998	虎	東四命	2018	狗	西四命
1999	兔	西四命	2019	豬	西四命
2000	龍	西四命	2020	鼠	西四命
2001	蛇	西四命	2021	牛	東四命
2002	馬	西四命	2022	虎	東四命
2003	羊	東四命	2023	兔	西四命

西元	生肖	宅 命	西元	生肖	宅 命
2024	龍	東四命	2034	虎	東四命
2025	蛇	東四命	2035	兔	西四命
2026	馬	西四命	2036	龍	西四命
2027	羊	西四命	2037	蛇	西四命
2028	猴	西四命	2038	馬	西四命
2029	雞	西四命	2039	羊	東四命
2030	狗	東四命	2040	猴	東四命
2031	豬	東四命	2041	雞	西四命
2032	鼠	西四命	2042	狗	東四命
2033	牛	東四命	2043	豬	東四命

當你量出家宅之坐山、出向後，可得知該宅為何「**宅名**」！如你是女子就查詢「**女子宅命格**」之表格五，確認住在該宅之人為何宅命格！如此相互配合，宅命格與宅名是一致性的話，好屋運好宅福地的運勢，讓你會在家庭與事業上得到好的氣場能量！

【自我練習】

※、練習七：

當胡姓女子，是1966年次生，查詢表格五「女子宅命格」得知為肖馬的命格，依表格四所示應為「**西四命**」之人，所居住的透天住家，採用指北針測量宅名為「**艮宅**」，再查詢表格二可以得知紫白星曜為「**八白**」，屬於是「**西四宅**」的命格之人居住，正好符合胡姓女子的居住好運勢。

※、練習八：

有一位劉姓女子，是1959年次生，查詢表格五「女子宅命格」得知為肖豬的命格，依表格四所示應為「東四命」之人，想要購買東區的公寓住家，找了仲介帶看房子，其仲介帶看一位東區的房子，到達現場站在陽台大門入口處，用手機的指南針測量，其坐山是「坐山-東南方」，查詢表格一的宅名為「**巽宅**」，再查詢表格二可以得知紫白星曜為「**四綠**」，屬於是「**東四宅**」的命格之人居住，正好是符合劉姓女子的購屋與居住的好運勢。

※、練習九：

有一位陳姓媽媽，要準備為她的大女兒添購一間透天厝，大女兒是1989年次，查詢表格五「女子宅命格」可得知為肖蛇的命格，依表格四所示應為「**東四命**」之人，所欲購買的透天厝之住家，採用平板電腦之下載的羅盤測量，其坐山是「坐山-正西方」宅名為「**兌宅**」，再查詢上表格二可以得知紫白星曜為「**七赤**」，屬於是「**西四宅**」的命格之人居住，因此欲購買的透天厝，陳姓媽媽要讓大女兒居住，可以再緩一緩，等選擇到符合東四命之透天厝來讓大女兒居住，方可營造出好旺運、好氣場。

翔丰手札－015：

相宅必要資訊「坐向、宅名、紫白星曜、屋主生肖、幾運、男女宅命格」需要合參，才能良好佈局。

三、心法三：定財位、補財運

定財位是依奇門遁甲的時空財位之九紫財位方，該年之財位方要發揮化煞與補財位破損，及達到催財聚財之效果，最有效之方法是先找出「**該年之時空財位**」，將已開光並加持過之「正財元寶」掛在該時空財位上，以達到「**補財庫、化損財煞氣**」之應用。

運數	西元年	時空財位方
八運	2019	西北 方
	2020	正西 方
	2021	東北 方
	2022	正南 方
	2023	正北 方
九運	2024	西南 方
	2025	正東 方
	2026	東南 方
	2027	中宮 方
	2028	西北 方
	2029	正西 方
	2030	東北 方
	2031	正南 方
	2032	正北 方
	2033	西南 方
	2034	正東 方
	2035	東南 方
	2036	中宮 方
	2037	西北 方

表格六：依奇門遁甲推算出每年時空財位方

居家的內外格局每九年一輪之影響，往往會造成屋宅之「財位破、財位漏洞」之時空磁場的遺憾靈動力，查詢表格六之方位，並掛在財位方上的正財元寶，能補強當年時空財運並化解漏財的疑慮。該年之財位方可能因為內在或外面「動土」，或是座落在「廁所方」，而造成財位破，會帶來意外損財、橫禍破財。

其上邊圖，是開光與加持過的正財元寶，掛於該年之奇門遁甲時空財位方，可以達到補財庫兼化煞功效。

翔丰手札－016：

時空財位之九紫財位方，依奇門遁甲的紫白飛星推論，化解並改善財位破損，相當應驗。

四、心法四：尋文昌、旺四綠

文昌星，主讀書、考試、升官之星。所以選擇文昌星所排到的房間或書房讀書，則有利於讀書、升學、考試與升官之功效。其依「紫白飛星」宅運法，走到四綠是「文昌星」。將先前所學之宅屋的坐山與出向，判斷出「宅名」後，即可以下列表格七中，找到屬於該宅之「文昌位」方位。

宅名	坐山	出向	文昌位
乾宅	西北方	東南方	東方
坤宅	西南方	東北方	東南方
震宅	正東方	正西方	西北方
巽宅	東南方	西北方	中央
離宅	正南方	正北方	南方
坎宅	正北方	正南方	東北方
兑宅	正西方	正東方	西南方
艮宅	東北方	西南方	北方

表格七：依紫白飛星法則推算出該宅之文昌方位

當文昌方位找到後，要強化文昌位之吉氣，以提升四綠文昌之兆，有下列三種方法。

1. **擺放四支全新毛筆**。
2. **擺放四盆綠色盆栽**。
3. **掛一幅竹林之國畫**。

擺放四支全新毛筆

擺放四顆盆栽

掛一幅竹林國畫

【自我練習】

※、練習一：

有一位鄭姓爸爸，買了一間新成屋，用平板的羅盤，在入口陽台處，量出該屋宅之方向為「出向-正南方」及「坐山-正北方」，查詢表格一得知新成屋為「**坎宅**」。他要幫剛上小學的兒子，找出讀書合適的文昌位，查詢表格七得知坎宅的文昌方位在新成屋的「**東北方**」，所以在裝潢的時候，可以空出東北方百書桌及掛上「**一幅竹林國畫**」的環境佈置，能幫兒子帶來文昌四綠之氣。

※、練習二：

有一位邱姓媽媽，剛剛買一間舊公寓，自行用指南針，在入口的大門口處，量出該屋宅之方向為「出向-東北方」及「坐山-西南方」，查詢表格一得知舊公寓為「**坤宅**」。她準備為女兒安排書桌的位置，查詢表格七得知坤宅的文昌方位在舊公寓的「**東南方**」，因為靠近窗邊的地方，不方便掛上一幅竹林國畫，所以就準備「**四枝全新毛筆**」去居家附近的文昌廟過個香爐，向文昌星君稟告女兒的名字及住家位置，然後回家擺安排書桌的桌面上，用四枝毛筆的文昌之氣場，讓女兒讀書專心與認真。

※、練習三：

有一位翁姓小姐，要為考公職的先生，準備讀書的好氣場位置，自行在手機上下載指南針，在住家入口的陽台處，量出該屋宅之方向為「出向-正北方」及「坐山-正南方」，查詢表格一得知舊公寓為「**離宅**」。她準備為先生安排讀書應考的位置，查詢表格七得知離宅的文昌方位在住家的「**南方**」，因為需要清新的空氣品質，可以在附近擺上「**四盆大葉的小盆栽**」，平時大約一週澆一次水即可，能幫先生帶來四綠文昌之氣，白天讀書時也會空氣清新，提神醒腦。

翔丰手札-017：

依「紫白飛星」宅運法，飛佈到四綠文昌星，強化文昌位之吉氣，能提升文昌讀書運。

五、心法五：探命格、相五行

當你修行到精進之程度，可以透過冥想與內化之修為，分析自我之命格與個性，查詢下列表格八的生辰天命五行，可得知自己或是有緣朋友之命格與五行運勢。

透過禪坐與修行的過程，能讓你明瞭天命五行的奧妙，可以查詢下列表格之西元出生年份，分析你自己或是有緣的親朋好友之個性，反映出與生俱來的命格。

依照生辰天命之五行，將每一個人的出生年份查詢表格八，所查詢出來的五行命格，對應每個人的生辰天命，用五行開運的生旺運用（**木生火，火生土，土生金，金生水，水生木**），善用居家環境的佈局，可以旺運每一位有緣的朋友及你自己。

205	204	203	千位數 ╲ 個位數	
202	201	200		
199	198	197		
196	195	194		
193	192	191		
土	木	金	1	0
金	水	木	3	2
火	金	水	5	4
水	火	土	7	6
土	木	火	8	
土	木	火	9	

表格八：依生辰天命五行判別表：（西元年）

【自我練習】

※、練習一：

有一位張姓男子，是1970年次出生，查詢表格八「生辰天命五行」得知為「**金**」五行之人，依照五行相生相旺之運用：木生火，火生土，土生金，金生水，水生木，相生可以增強居家原動力，多採用「**土**」系的環境佈置與格局裝潢，能帶來居家的相旺好運勢。

※、練習二：

有一位盧姓女子，是西元1981年出生，查詢表格八「生辰天命五行」得知為「**木**」五行之人，依照五行相生相旺之運用：木生火，火生土，土生金，金生水，水生木，相生可以增強居家原動力，多採用「**水**」系的環境佈置與格局裝潢，能帶來居家的相旺好氣場。

※、練習三：

有一位蔡姓媽媽，要幫女兒肖兔的1987年次出生，查詢表格八「生辰天命五行」得知為「**火**」五行之人，依照五行相生相旺之運用：木生火，火生土，土生金，金生水，水生木，相生可以增強居家原動力，多採用「**木**」系的環境裝潢與原始木材佈置格局，能為女兒帶來居家的相生相旺家勢。

翔丰手札－018：

透過內化之修為，搭配生辰天命五行之表格查詢，可協助分析有緣朋友之命格與五行運勢。

六、心法六：合二元、佈零正

依三元地理的運數原則，九運為一百八十年的循環，見表格九所示為一運到四運為上元表；而六運到九運為下元表，合稱為二元零正年表。其中的五運不見了，是因為遇水要快速催發之緣故，將五運的前十年給了四運合併，再將五運的後十年給了六運合併之緣故。

九運	八運	七運	六運	四運	三運	二運	一運	催照說明
9離	8艮	7兌	6乾	4巽	3震	2坤	1坎	正　神
1坎	2坤	3震	4巽	6乾	7兌	8艮	9離	零　神
1坎	2坤	3震	4遜	6乾	7兌	8艮	9離	催財正水
4巽	3震	2坤	1坎	9離	8艮	7兌	6乾	催官水
2坤 3震	1坎 4巽	1坎 4巽	2坤 3震	7兌 8艮	6乾 9離	6乾 9離	7兌 8艮	吉照水

→ 2004年~2023年 (93年~112年)

表格九：二元零正年表之方位推算查詢表

依照表格九的零正神催照表中，目前我們所處的運數是八運，而八運的年度是由西元 2004 年到 2023 年的二十年。這八運中的二十年中快速催發之零正方位，見表所示為「**正神即爲高**」方位在艮方而「**零神即爲低**」方位在坤方。且催財正水的方位在於「**坤方**」；催官水的方位在於「**震方**」；吉照水的方位在於「**坎方、巽方**」。

【自我練習】

※、練習一：

有一位方姓男子，買了一間透天屋，他用平板的指南針，在入口大門處，量出該透天屋之方向為「出向－正西方」及「坐山－正東方」，查詢表格一得知透天屋為「**震宅**」。他要在透天屋的附近挖個小池塘，佈個好財運的聚氣方位，查詢表格九得知震宅的

催財正水是「**坤－西南方**」，所以選個黃曆的好日子在透天屋的坤方位，挖個小池塘做假山流水的造型，能幫助李先生的事業帶來正財水，財源滾滾來。

※、練習二：

有一位鄧姓男子，買了一間公寓華廈6樓，他用手機下載羅盤軟體，在6樓的入口大門處，量出該6樓華廈屋之方向為「出向－正東方」及「坐山－正西方」，查詢表格一得知透天屋為「**兌宅**」。他要在6樓華廈屋的客廳處，佈個升官的好運勢之聚氣方位，查詢表格九得知兌宅的**催官正水**是「**震－正東方**」，所以選個黃曆的好日子在6樓華廈屋的客廳之震方位，擺一個流水盤及小魚缸的造型，能幫助鄧先生的升官運勢帶來正能量與風生水起的好氣場。

※、練習三：

有一位陳姓女子，買了一間大樓屋15樓，他用手機的指南針，在15樓的入口陽台處，量出該15樓屋之方向為「出向－西北方」及「坐山－東南方」，查詢表格一得知15樓屋為「**巽宅**」。他要在15樓屋的客廳處，安裝一個書櫃之巨型大書架，查詢表格九得知巽宅的**正神方**是「**艮**－

東北方」，所以選個黃曆的好日子在15樓屋的客廳之艮方位，高大的安裝一個書櫃之巨型大書架，能幫助蕭小姐的巨型書櫃，所擺放的位置不會破壞居家的氣場格局，以符合「**高處－正神**」及「**低處－零神**」之零正神催照要訣。

翔丰手札－019：

善用「震方」為官運聚氣方位；高處之擺設為「正神」及低處的聚氣為「零神」之佈局妙用

七、心法之綜合練習：

※、相宅風水佈局－綜合練習一：

當你站在公寓的大門陽台處，要量氣口，知坐向時，用指南針量測出「出向－西北方」及「坐山－東南方」，可以查詢表格一，得知此陽宅之方位，為何「①」？當採用指南針測量出該樓層之坐向方向為「坎宅」，查詢表格二可以得知紫白星曜為何「②」？其屬於是何「③」的命格之人居住。

※、相宅風水佈局－綜合練習二：

當溫姓男子，是1959年次生，查詢表格四「男子宅命格」得知為肖豬的命格，依表格四所示應為何「④」之人？所居住的陽宅住家，而另一間屋宅以指南針測量宅名為「震宅」，再查詢表格二可以得知紫白星曜為「三碧」，屬於是何「⑤」的命格之人居住運勢？

※、相宅風水佈局－綜合練習三：

當林爸爸，要買一間新成屋，用手機的羅盤，量出該屋宅之方向為「出向－正南方」

及「坐山－正北方」，查詢表格一得知新成屋為「坎宅」。他要幫剛上高中的女兒，找出專心讀書的文昌位，查詢表格七得知坎宅的文昌方位在何「⑥」？所以在佈置之時，可以文昌位百書桌及牆上掛「⑦」的環境佈置？能幫帶來文昌四綠之氣。

※、相宅風水佈局－綜合練習四：

許先生，是西元1975年出生，查詢表格四「男子宅命格」得知為生肖「⑧」之命格？查詢表格八「生辰天命五行」依表格所示為何「⑨」五行之人？依照五行相生相旺之運用：木生火，火生土，土生金，金生水，水生木，相生可以增強居家原動力，多採用「⑩」系的環境佈置與格局裝潢？能帶來居家的相旺好氣場。

※、相宅風水佈局－綜合練習五：

當蔡老闆，準備在2020年創業，詢表格六「奇門遁甲時空財位方」得知他準備創業的那一年要注意何「⑪」處方位會破財庫？所準備創業的公司方位，以指南針測量宅名為「兌宅」，查詢表格二可以得知紫白星曜為「⑫」？屬於是何「⑬」的命格之人創業運勢？

※、相宅風水佈局－綜合練習六：

當曹小姐，於西元 2017 年已買了一間一樓平房屋，用手機的指南針，在一樓大門處，量出該平房屋之方向為「出向－正南方」及「坐山－正北方」，查詢表格一得知平房屋為「⑭」。他要在平房屋的附近蓋個假山流水台，佈個財運的聚氣方位，查詢表格三得知當年是何「⑮」運數？查詢表格九得知其催財正水是何「⑯」方？能幫助曹小姐的居家佈局帶來好財運。

※、綜合練習－解答：

①乾宅 ②一白 ③東四宅 ④西四命 ⑤東四宅 ⑥東北方

⑦四支新毛筆、一幅竹林國畫 ⑧兔 ⑨水 ⑩金

⑪正西 ⑫七赤 ⑬西四宅 ⑭坎宅 ⑮八運 ⑯坤位－西南方

翔丰手札－020：

妙用「六心法」為自己宅運加分；佈局「零正水局」為朋友宅運進財；善巧「五行生旺」搭配，慈悲行善並施，必能逢凶化吉。

八、心法之八卦九宮：

天體混沌之無極，幻化成陰陽而生兩儀，再延伸出四象而演化為八卦。由伏羲氏觀龍馬出河，其身上有文彩圖案而記載下來，因出於黃河而謂之河圖，後人稱之為伏羲八卦，也叫做「先天八卦」；再至大禹治水時，洛水有一神龜負文而出，其背甲有九宮花紋，因有數字而記載，其謂之洛書，後人稱之為「洛書數」；其後因周文王被囚七年間，他在先天八卦的基礎上創造了後天八卦，稱之為文王八卦，跟伏羲的先天八卦相比，文王八卦進一步把八卦引申為宇宙萬物的八種基本物質，後人叫做「後天八卦」。

八卦：

源於中國古代對基本的宇宙生成，相應日月與陰陽關係，最

先天八卦

後天八卦

原始資料來源為西周的文王乾坤學說，認為先有天地，天地相交而生成萬物，乾即天、坤即地、震為長男、坎為中男，艮為少男；巽為長女，離為中女，兌為少女。

八卦與五行對應關係，

木：震（雷）、巽（風）　火：離（日）　土：坤（地）、艮（山）

金：兌（澤）、乾（天）　水：坎（月）

河圖、洛書，是來自上古時代有關數字排列之圖案。河圖的其中四象，按古人坐北朝南的方位為正位，就是「**前朱雀、後玄武、左青龍、右白虎**」，這是風水形巒之源，採用十個黑白圓點表示陰陽、五行、四象，其圖為四方形。洛書的圖形，是九宮的示意，即一至九排列而成，橫、豎、斜三個數相加和都是十五。

河圖口訣：一六共宗水（北方），二七同道火（南方）、三八為朋木（東方）、四九為友金（西方）、五十共途土（居中位）。

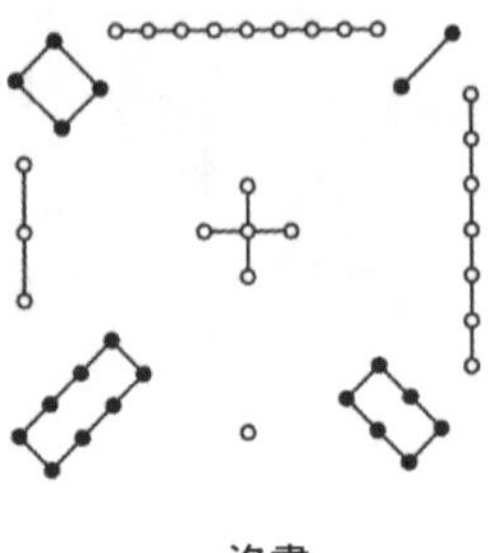

洛書

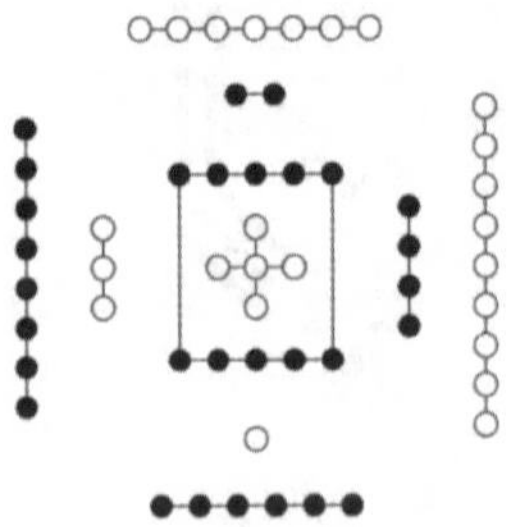

河圖

洛書之方位：一在北方，二在西南方，三在東方，四在東南方，五為中宮，六在西北方，七在西方，八在東北方，九在南方。

九宮：

即是洛書所指的九個方位，一般將後天八卦按方位裝入洛書，中間空開，即形成所謂的「**八卦九宮**」之局。其對應關係為「一坎（北宮）、二坤（西南宮）、三震（東宮）、四巽（東南宮）、五合（中宮）、六乾（西北宮）、七兌（西宮）、八艮（東北宮）、九離（南宮）」。

將八卦九宮應用於風水之相宅DIY，採用「八卦方位」來辨識家宅之方位與旺氣旺向之應用。可將陽宅座落之八卦方位分辨清楚，對照風水之方位煞氣之應用，讓你輕輕鬆鬆地分居住家宅八卦方位：

八卦九宮之局

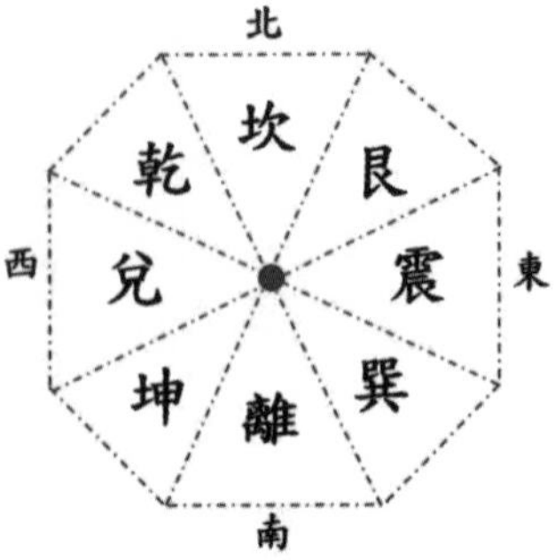

步驟一：先列出八卦方位圖

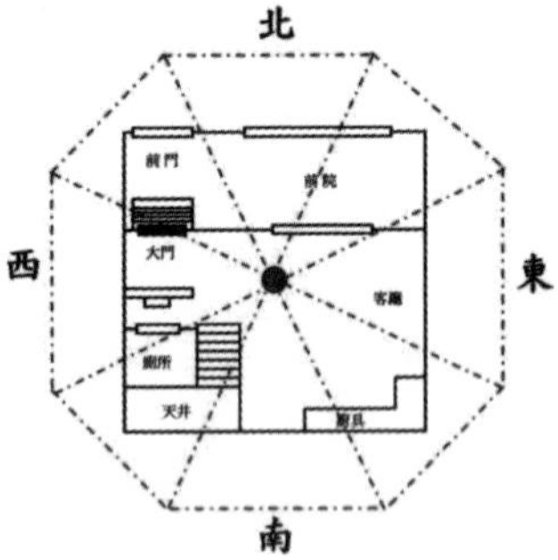

步驟二：再將居住家宅平面圖放入

如上圖之居住家宅所示，

步驟一：先列出八卦方位圖，將輻射線向外畫出八條線，以交構成八卦圖形，

步驟二：再將住家平面圖放入八卦方位圖中，然後再依手機羅盤或是指南針測量出的坐山與出向之方位，將「後天八卦」之方位名稱，填入八卦圖方位之中。如圖所表示，即可得下列屋內擺設之八卦方位。

1. 大門：座落在「乾卦方」。
2. 庭院：座落在「坎卦方」、「艮卦方」。
3. 客廳：座落在「太極點」、「震卦方」。

4.廁所：座落在「坤卦方」。

5.廚房：座落在「巽卦方」。

6.飯廳：座落在「離卦方」。

古人云：「地有地氣，水有水氣，人也有人氣，氣聚則旺，氣弱則衰，氣散則亡」。故葬經曰：「氣乘風則散，界水則止；聚之使不散，行之使有止，曰風水」。明白地指出「風水」兩字，並非是「風生水起」而是要稱為「**藏風聚氣**」才是。

真正之風水學真理，必須將勘察陽宅之各個座落點，都要依其方位、角度、坐向、外在環境，去考量及審慎評估與達到當運及氣旺，才會是好風水格局。接下來是教大家如何DIY將居住家宅區分成九宮格，來分辨其各個角落之方位座落為何？

步驟一：先列出九宮格方位圖

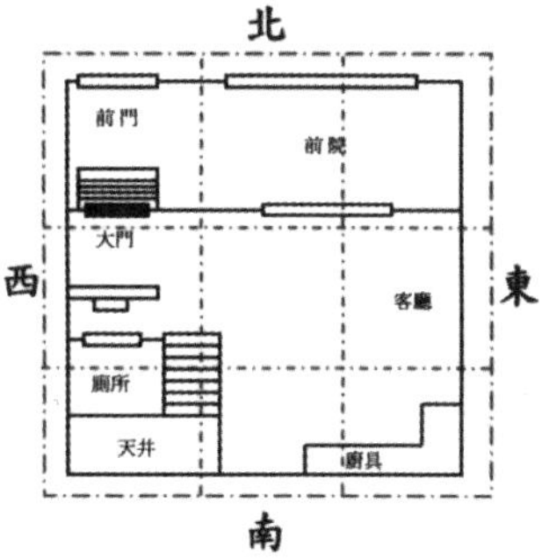

步驟二：再將居住家宅平面圖套入

依上圖之居住家宅所示，

步驟一：先規劃並切出九宮格方位圖，

步驟二：再將住家平面圖放入九宮格方位圖中，即可由上圖得之，下列屋內擺設之方位。

1.大門：座落在「西北方」。

2.庭院：座落在「正北方」、「東北方」。

3.客廳：座落在「中宮」、「正東方」。

4.廁所：座落在「西南方」。

5.廚房：座落在「東南方」。

6.飯廳：座落在「正南方」。

【自我練習】

※、八卦九宮之局－練習一：

有一位陳姓男子，在自家的居住家宅中，依步驟列出八卦方位圖，發現廁所方座落在「西北宮卦方位」，當年正值 2019 年的九紫飛星年，查詢表格六之奇門遁甲時空財位方位為「西北宮」，正值破財位要之時空財位方，請問該如何化解？

化解之方：可以自行到佛具店或古藝店家，購買一個鍍金的元寶，在拿到當地住家的土地公廟，進行過爐開光的動作，可向土地公稟明自家住址與元寶之化煞用途，擺在廟方供桌上約經過15分鐘之後，即會透過廟宇的好氣場進行加持賦予，完成後之元寶稱之為「鎮宅之正財元寶」，回家後可掛在位於家中之中間廁所的外牆壁上，以達到「補財庫、化解當年正財煞氣」之應用。

※、八卦九宮之局－練習二：

有一位胡姓女子，在自家的居住家宅中，測量出自宅的坐山是「西南方」，查詢表格一之宅名為「坤宅」，再依步驟列出九宮方位圖，發現書房方座落應該座落在哪格方位，才是合適的文昌讀書方？

應用之方：此胡姓小姐，應該查詢表格七，依紫白飛星法所推算出該宅之文昌方位，應為「東南方」的位置合適，可準備三樣提升文昌之氣「四枝新毛筆、四盆常綠盆栽、一幅竹林國畫」，任選合適的方式擺設或是懸掛。

※、八卦九宮之局－練習三：

有一位蔡姓媽媽，在自家的居住家宅中，測量出自宅的坐山是「正西方」，查詢表格一之宅名為「兌宅」，再依步驟列出九宮方位圖，發現家宅中的廚房位於「東北方」是家宅的缺角處，請問會影響家中的哪些生肖？又該如何化解？

應用之方：此蔡姓媽媽，自家的居住家宅，查詢表格二之宅名為「兌宅」，查詢宅命格的「西四宅」，因為廚房位於「東北方」是家宅的缺角處，會影響到家中成員之「肖虎、肖牛」兩個生肖（請參照【缺角之生肖沖煞】）。

化解之方：因為廚房位於「東北方」是家宅的缺角處，會影響到家中成員之「肖虎、肖牛」兩個生肖，而東北方缺角是屬艮位，五行屬土，可以擺放陶土類的肖牛藝品，即可化解之（請參照【家宅缺角之化解】）。

【缺角之生肖沖煞】

正北方缺角：影響到家中成員肖**鼠**。

正南方缺角：影響到家中成員肖**馬**。

正東方缺角：影響到家中成員肖**兔**。

正西方缺角：影響到家中成員肖**雞**。
東北方缺角：影響到家中成員肖**虎**、肖**牛**。
東南方缺角：影響到家中成員肖**龍**、肖**蛇**。
西北方缺角：影響到家中成員肖**狗**、肖**豬**。
西南方缺角：影響到家中成員肖**羊**、肖**猴**。

【家宅缺角之化解】

正北方缺角：為坎位，五行屬水，擺放魚缸流水轉台。
正南方缺角：為離位，五行屬火，擺放紅色的吉祥結。
正東方缺角：為震位，五行屬木，擺放大葉的綠植物。
正西方缺角：為兌位，五行屬金，擺放金屬肖雞藝品。
東北方缺角：為艮位，五行屬土，陶土類的肖牛藝品。
東南方缺角：為巽位，五行屬木，擺放木雕的龍形藝品。
西北方缺角：為乾位，五行屬金，擺放金豬、銅狗藝品。
西南方缺角：為坤位，五行屬土，擺放陶瓷土肖羊藝品。

【風水師小叮嚀】

※、易學中的八卦，分成先天八卦、後天八卦的運用，簡易要訣：

先天為體：用於占卜，**乾、兌、離、震、巽、坎、艮、坤**，又稱伏羲八卦。

後天為用：用於風水，**坎、離、震、兌、巽、艮、乾、坤**，又稱文王八卦。

※、風水形巒之源，是河圖的四象排列，如下是簡易要訣：

「**前朱雀**」南方—離卦、「**後玄武**」北方—坎卦、

「**左青龍**」東方—震卦、「**右白虎**」西方—兌卦。

※、採用「**八卦方位**」來辨識家宅之方位與旺氣旺向之應用。

採用「**九宮方位**」來分辨其各個角落座落與生肖沖煞之應用。

翔丰手札－021：

風水方位與應用，全憑「後天八卦」位置與卦象；九宮方位之佈局，必定要符合「藏風聚氣」原則。

第參章 風水法・九項真訣

第參章

風水法・九項真訣

一、九真訣之全文

一真訣、巒頭訣：**地勢路形氣**

二真訣、化解訣：**遮擋化煞避**

三真訣、地脈訣：**龍穴砂水向**

四真訣、星曜訣：**紫白飛星訣**

五真訣、五行訣：**元辰天命訣**

六真訣、財水訣：**零正神水訣**

七真訣、方位訣：**四祥獸眞訣**

八真訣、流年訣：**奇門時空訣**

九真訣、立極訣：**乘止截虛氣**

二、九真訣之解說

※、風水寶地之四要素：必須是**山水相伴**！

1. 風生水起，**龍穴氣場**之寶地。

2. 藏風聚氣，**龍虎朱玄**之格局。

3. 人傑地靈，**臥虎藏龍**之氣場。

4. 旺財旺貴，**催財催官**之運勢。

※、古老的風水，勘測和相地之五要項：

↓↓第一**尋龍**、第二**點穴**、第三**觀砂**、第四**問水**、第五**切向**。

↓↓必須符合：左砂手－青龍砂、右砂手－白虎砂、前朱雀－案頭山、中龍穴－聚氣水、後靠山－玄武方。

【桂林的山水風光－翔丰拍攝】

【外雙溪山景龍穴圖－翔丰拍攝】

翔丰手札－022：

尋得風水寶地必須是有山有水能聚氣場；符合左青龍、右白虎、前朱雀、中龍穴、後玄武。

三、真訣一：地勢路形氣

地勢路形氣（巒頭訣）

→→是指判斷風水巒頭的五字訣，初學風水者，不沉迷於「理氣」，要回歸「巒頭」的形局之吉凶，風水的基本功夫，以一字「變」來通達，以成就「運用之妙、存乎於心」思維，應用於中國風水學，將房屋擬人化看待，達到「人屋一體」之形巒判斷。

【地】 判斷風水，**宅外環境、明堂寬闊、山環水抱、藏風聚氣**之地形稱之。

【勢】 判斷風水，**高低砂手、穴場水位、高山起伏、迴風納氣**之局勢稱之。

【路】 判斷風水，**來路暢通、車水馬龍、玉環腰帶、水路交會**之道路稱之。

【形】 判斷風水，**五形格局、形局沖煞、方位阻氣、形巒會合**之形煞稱之。

【氣】 判斷風水，**氣納五行、氣量俱足、陽氣充滿、龍穴寶地**之氣場稱之。

※、風水巒頭之六事：

1. 外六事：「**路、井、廁、欄、廟、橋**」。

1. 內六事：「**門、階、廳、床、灶、磨**」。

※、相宅之必量測：查詢方位，以「坐、向」來表達房屋地理位置。

1. **坎宅**：坐北、向南。
2. **離宅**：坐南、向北。
3. **震宅**：坐東、向西。
4. **兌宅**：坐西、向東。
5. **巽宅**：坐東南、向西北。
6. **乾宅**：坐西北、向東南。
7. **坤宅**：坐西南、向東北。
8. **艮宅**：坐東北、向西南。

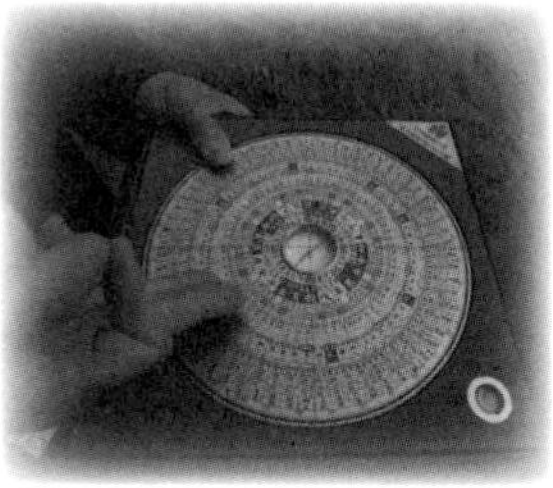

以羅盤相宅之測其方位「坐、向」

※、相宅之財位方：

1. 客廳之財位方：**明財位**。
2. 房間之財位方：**暗財位**。

※、相宅之三重點：門、主、灶。

1. **門**：大門入口。
2. **主**：主人房間。
3. **灶**：廚房格局。

※、新屋入宅之六樣準備：

1. **米**　：八分滿於米桶中。
2. **紅包**：放於米桶之上面。
3. **箕帚**：新的，綁紅布。
4. **水**　：三分滿之於水桶內。
5. **碗筷**：新的，成雙的套數。
6. **火爐**或**瓦斯爐**：能使用的。

門：大門入口

灶：廚房格局

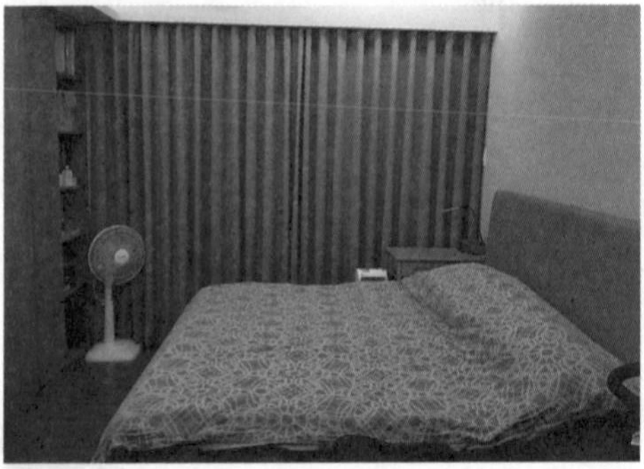

主：主人房間

※、宅門吉凶六要素：「氣、光、影、味、聲、色」。

1. **氣**：通風、流通。
2. **光**：採光。
3. **影**：樹影。
4. **味**：氣味、空氣品質。
5. **聲**：噪音。
6. **色**：宅中色調。

翔丰手札－023：

陽宅三要之「門主灶」；風水巒頭之「內外六事」；坐向方位之量測；宅門「吉凶六要素」，都是相宅之精髓所在。

四、真訣二：遮擋化煞避

遮擋化煞避（化解訣）

↓↓是指化解風水形煞的五字訣，一屋一太極，而分八方二十四山，家宅維持「一空之閉、富豪家」避開「三空一閉、亂如麻」的格局，內如橫樑、直柱、沖射、氣窗、空瓶、枯枝之物，都是化解形煞的重點；外如壁刀、天斬、凹風、路沖、反弓、尖角沖射，也都是化解形局煞氣的重要勘輿要項。

【遮】化解風水，遮去形煞、遮掉不雅、遮掩缺角、遮蔽穿堂之遮煞稱之。

【擋】化解風水，擋去散氣、擋掉磁波、擋掩沖射、擋蔽反弓之擋煞稱之。

【化】化解風水，化去陰氣、化掉壁刀、化掩樑柱、化蔽凹風之化煞稱之。

【煞】化解風水，煞去穢氣、煞掉忌禁、煞掩遭邪、煞蔽困局之煞氣稱之。

【避】化解風水，避去凶宅、避掉陰宅、避開外靈、避走善宅之避煞稱之。

※、需化解的宅形：宅形有缺，則損人丁！

多角形的房屋、三角形的房屋、尖形的房屋、狹長的房屋、玻璃帷幕大樓、玻璃屋、石綿瓦屋、鐵皮屋。

※、需化解的宅勢：

1. 寡陽之宅（地勢太低窪）。
2. 孤高之宅（孤峰獨秀）。
3. 白虎昂首煞（白虎邊過高）。
4. 龍虎回首煞（虎邊與龍邊，加蓋成內灣局勢）。
5. 虎強龍弱煞（多是非，犯小人）。
6. 井字煞（財來財去）。
7. 懸崖煞（買屋莫買懸崖屋，堤防家人會流淚）。
8. 捲簾水煞（山坡斜向下之山腳）。

※、需化解的斜角、缺角屋：

1. 宅左長，右短：陽旺陰衰（不利女主人）。
2. 宅右長，左短：陰旺陽衰（不利男丁）。
3. 宅前大後小：無財又病。
4. 宅前小後大：有財也身弱。

※、形煞之三十種類：

路沖、巷沖、無尾巷沖、反弓路沖（鐮刀煞）、剪刀煞、壁刀煞、天斬煞、尖形煞、車道口沖（開口煞）、高架橋沖（欄腰煞）、地下道與人行道口沖、教堂十字架、神前廟後之屋角煞、玻璃帷幕牆沖（反光煞）、破舊古屋、久未住人之空屋、電梯口煞、屋脊煞、棺材煞、門對樓階梯、門對門、變電所煞、電線桿煞（頂心煞）、擊拳煞、加油站煞、地犯靈煞、孤陽煞、孤陰煞、井字煞、穿心煞、探頭煞。

※、化解宅之大門：

1. 宅之正對後門、窗戶
↓屬於穿堂風煞。
↓化解用「屏風遮住」。

2. 宅門有橫樑壓頂
↓造成家運不開。
↓化解將「遮蔽橫樑」。

3. 宅門正對廁所門
→造成財運不順。
→化解用「屏風遮住」。

4. 宅門正對廚房、爐灶
→造成口舌是非。
→化解「爐灶之位置」轉偏角度。

5. 宅門正對臥房門
→造成慢性疾病。
→化解用「屏風或布簾隔住」。

6. 宅門正對後門
→造成錢財不聚。
→化解將「遮住後門」。

7. 宅門正對玄關牆、鏡子
→造成精神衰弱。
→化解將「玄關牆或鏡子移開」。

8. 大門內之牆角：不宜放空花瓶及乾枯之物。

9. 大門內之沙發椅：宜穩定有靠牆。

※、**化解宅之臥房：**

臥房格局宜方正，忌多角，對外窗戶通風勿多，有破裂及壁癌，應立即修補。

↓房門需避開形煞：

1. 沖到壁刀牆角。
2. 樓上是廁所及水池。
3. 門正對鏡子。
4. 正對廚房。
5. 正對另一臥房門。
6. 正對浴廁。
7. 正對衣櫥門。
8. 正對床角。

↓房內擺設之避免：

1. 仙人掌。
2. 竹葉青之植栽。
3. 空間藝術品。
4. 情色藝品。
5. 神像與神位。
6. 指揮軍刀。
7. 兇猛野獸標本。
8. 古代藝術玩偶。
9. 人形面具與布偶飾品。

↓床鋪擺放之宜忌：

宜↓任一側要有靠，方能聚氣與陰陽動靜之協調。

忌↓

1. 正對房門。
2. 正對浴廁門。
3. 正對冷氣機。
4. 床頭附近放置電器用品。
5. 滴答聲之鬧鐘。
6. 正對鏡子。

7. 正對壓樑。
8. 後牆壁是廁所馬桶。
9. 後牆壁是大窗戶。

↓安置床鋪的方法：

1. 床頭要有靠，迴避壓樑。
2. 床下要淨空，不收藏金屬工具。
3. 鏡子不要正對著床位。
4. 鄰牆後不要有浴廁與廚房。
5. 水床、電熱毯不宜久睡。
6. 用自然材質之床的架材。
7. 床頭造型宜平素。
8. 床頭不能直對門。
9. 同房之床要同向。
10. 床頭不放音響及電磁波電器。

※、化解宅之爐灶與廁所：

1. 最容易潮濕與藏污納垢之處。
2. 外局勢不可有：壁刀、天斬、凹風、路沖、反弓、尖角沖射。

↓爐灶設置的禁忌：

1. 不設置於宅的在羅盤十字線上。
2. 不可位在四正方位(子、午、卯、酉)。
3. 不可正對大門(入門見灶、肚火就燒)。
4. 不要正沖對柱(口舌是非多)。

5. 上不可壓樑（傷女主人）。

6. 不可對沖廁所門、馬桶、臥門。

7. 不可接近廁所。

8. 不可對家中神主牌與香火爐。

9. 不可對冰箱（冷熱不合）。

10. 不可與水龍頭、儲水缸對沖。

11. 不可放陽台之鐵窗圍牆上。

12. 廚房不可晾曬衣服。

13. 不可臥房煮食。

14. 抽風機與排油煙機，不可沖射鄰居。

↓浴廁設置的禁忌：

1. 不可設置於宅的在羅盤十字線上。

2. 不可位在四正方位（子、午、卯、酉）。

3. 乾宮不可安於浴廁（傷男主人）。

4. 不可設置於房屋的中央。

5. 不可設置在「理氣的文昌位」。

6. 不可沖射大門。

7. 不可沖臥床及臥門。

8. 不可沖書桌與辦公桌。

9. 不可沖爐灶。

10. 不可設於宅前。

11. 不可沖射財位與金庫。

12. 注意通風與乾燥。

※、提升文昌位之吉氣：

1. 可放四盆綠葉盆栽。
2. 可放四枝全新毛筆。
3. 可掛一幅竹林的國畫，提升四綠文昌之兆。

※、財位之判定：擺金庫與聚寶盆之處！

1. 傳統辨識方法，進大門後客廳的斜對角處，且有直角的不動方才是。
2. 不可有橫樑、直柱、沖射、氣窗。也不能放空瓶與枯枝之物。

※、化解煞氣之五大項：

一、化解**捲簾水**或**牽牛煞**：

1. 開門見梯。
2. 開門見樓梯直下。
3. 開門見樓梯向下。
4. 開門見門或窗，見對面之山丘或山坡。

↓以上可加裝「**門檻**」。

↓化解刺面煞，可種「**闊葉綠樹**」之植栽，化解煞氣。

↓化解室內見梯，可用「屏風」遮擋。

二、兩門相對：可在門上放「銅鈴或門簾」，不可裝反射鏡。

三、拱形門窗：會有爛桃花，裝「門簾與珠簾」來化解。

四、住家天花板高度，盡量能在240～340公分為佳。

五、壁刀煞：種植「闊葉植栽」、善用「帆布」遮蔽之。

翔丰手札－024：

陽宅能化解形局煞氣，才是真功夫；形煞巒頭之識別，需要時間與經驗累積；沒有竅門，只有耐心學習。

五、真訣三：龍穴砂水向

龍穴砂水向（地脈訣）

↓是指地脈之堪輿和相地的五大步驟，分別是尋龍、點穴、觀砂、問水、切向之五要訣，堪輿則是注重天地人合一、陰陽平衡、五行相生相旺。尊重自然山水及其聚集交會的形勢氣場，適用於曠野之家宅和山谷之別墅，綜觀如今社會工商的快速發展，城市都會之間高樓林立，在現代城市裡的屋宅也受到環境氣場的能量催發，這套堪輿五要訣之地脈法，也能在城市與鄉間之住宅中，發揮風生水起與藏風聚氣之效用。

【龍】尋龍，即是尋龍脈之所在，觀看山脈的氣場走向，察其迎氣旺運之來龍。

【穴】點穴，即是點出龍穴之聚氣水，觀看山脈間之山水相交，陰陽融凝交會。

【砂】觀砂，即是龍脈環衛諸山，觀看山脈的起伏變化，察其左右砂手之環抱。

【水】問水，即是與龍，穴，砂有關的水，高一寸為山，低一寸為水，其山不能無水，無水則氣散。故有未看山時先看水，有山無水能量催發將不俱足。

【**向**】切向，即是龍脈之朝向，一般指與建築基址垂直相對的方向，朝向須與龍和水相互順氣而行。故有陰宅看山向，陽宅看坐向。

※、龍穴砂水向之實地堪輿：

一、**左砂手－青龍**：又稱為左龍脈環衛山，山脈一波接連一波延伸，由高高的山峰至到接近平原的小山，都有山脈與綠林綿延連接著，這就是左砂手之青龍砂。

二、**右砂手－白虎**：又稱為右白虎環衛山，山脈略低左龍脈高度，依然是一波接連一波延伸，必須都有山脈與綠林綿延連接著，這就是右砂手之白虎砂。

三、**案頭山－朱雀**：又稱為前朱雀案頭山，因山脈在型態上多方面與龍相似，故風水上將前方隆起山脈比作案頭山，尋覓來龍之案頭山，就是對山脈的前遠方進行觀察，有山就有氣，有氣竟能催財、升官、旺運。

【外雙溪山景實地堪輿－翔丰繪製輔助圖】

四、**聚氣水－龍穴**：又稱為中龍穴聚氣水，點出龍穴之聚氣方位，觀看山脈間之交會結穴處，陰陽融凝處即是穴場所在，針對龍穴聚氣進行迎氣生旺，這就是聚氣水的妙用。

五、**後靠山－玄武**：又稱為後玄武靠山牆，現代城市裡的屋宅，後方能位於高樓林立或山脈環繞的靠山處，會是最佳的避風護持方位，有靠有扶持、穩固有保障，這就是靠山玄武方的佈局。

【中國江西堪輿－切向圖】

※、堪輿之切向訣－最爲重要：

堪輿家宅、地產、奠基、福德地、辦公大樓，都須依其地脈氣場來切向，即是地氣龍脈之朝向，依其天地能量的順氣方向，配合羅盤方位與地龍和水勢相互順氣而行。

翔丰手札－025：

辨識山川地脈和陽宅相地之要領，其高一寸為山，低一寸為水；陰宅看山向，陽宅則是看坐向。

六、真訣四：紫白飛星訣

紫白飛星訣（星曜訣）

→是指依據洛書、後天八卦之格局排列而分九星，屬於玄空陽宅風水論法中「理氣」的一種風水真訣。「紫白」即九星、「飛星」即飛佈九宮方位，以當年宅運主星入中宮，依照掌指法而飛佈九宮。九個星分陰星和陽星，逢陽順飛，逢陰逆飛。紫白飛宮，能辨生旺退煞之用，採三元分運，能判盛衰興廢之時。找出宅運之吉星與凶星，可定線文昌位、財帛位、時空財運位。

※、九星中以紫星與白星為吉星，用後天八卦方位飛佈九星，一卦管三山，這種飛佈九宮陽宅法，分為順飛與逆飛，稱為紫白飛星。

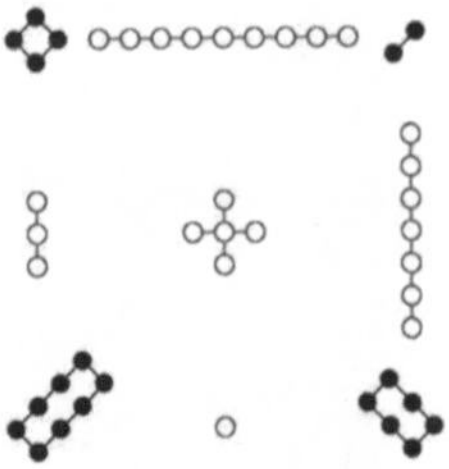

【紫白飛星依照洛書與後天八卦－演化而成】

卦山 / 元龍	乾	坎	艮	震	巽	離	坤	兌
地元龍	戌(陰)	壬(陽)	丑(陰)	甲(陽)	辰(陰)	丙(陽)	未(陰)	庚(陽)
天元龍	乾(陽)	子(陰)	艮(陽)	卯(陰)	巽(陽)	午(陰)	坤(陽)	酉(陰)
人元龍	亥(陽)	癸(陰)	寅(陽)	乙(陰)	巳(陽)	丁(陰)	申(陽)	辛(陰)
飛星數	6	1	8	3	4	9	2	7

【紫白飛星採用三元龍而分運二十四山之陰陽】

※、九星中以本宅坐山之數飛入中宮，其餘依照順序，飛星數入中宮後，飛「**乾→兌→艮→離→坎→坤→震→巽**」再返回中宮，順逆佈八方。

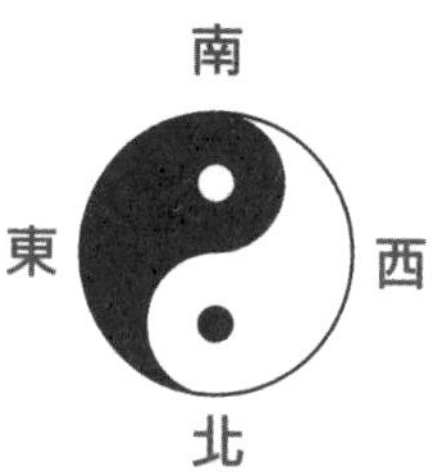

順飛圖

逆飛圖

【紫白飛星之順飛與逆飛圖】

※、順飛、逆飛之取決於三元龍的**坐山陰陽**：

↓↓坐山屬陽就順飛，坐山屬陰就逆飛。

一、天元龍：**子午卯酉**為陰，**乾坤艮巽**為陽。

二、人元龍：**乙辛丁癸**為陰，**寅申巳亥**為陽。

三、地元龍：**辰戌丑未**為陰，**甲庚壬丙**為陽。

※、堪輿之為坎宅（坐坎向離-**壬山丙向**），**壬為陽**即以順飛，

方位要其下是北、其上是南，**一白入中宮**，二黑順飛乾之方位。

※、堪輿之為兌宅（坐兌向震－**酉山卯向**），**酉爲陰**即以**逆飛**，方位要其下是北、其上是南，**七赤入中宮**，六白逆飛乾之方位。

※、九星之星曜名稱：

一白－貪狼星—屬吉星，掌官貴、魁星、官星。
二黑－巨門星—為凶星，常帶來各種疾病災害。
三碧－祿存星—為凶星，主失和，爭執不理性。
四綠－文曲星—屬吉星，**文昌星**，主掌貴人星。
五黃－廉貞星—為凶星，主瘟疫、病符與災運。
六白－武曲星—屬吉星，掌富貴產，旺丁進財。
七赤－破軍星—為凶星，主殺氣、官訟、破壞。
八白－左輔星—屬吉星，**財帛星**，發丁貴田產。
九紫－右弼星—半凶半吉，喜慶星，**時空財運**。

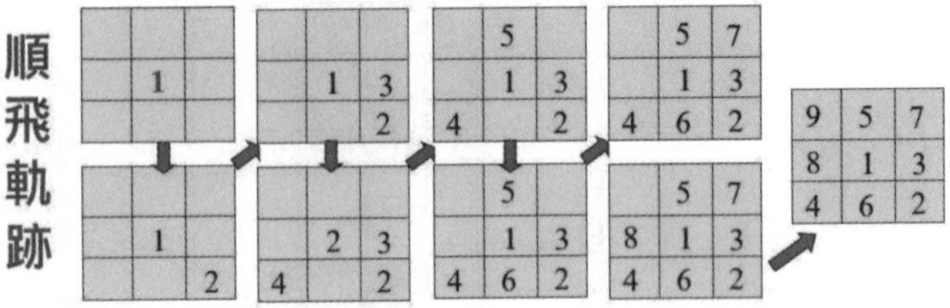

【紫白飛星之順飛演化軌跡圖】

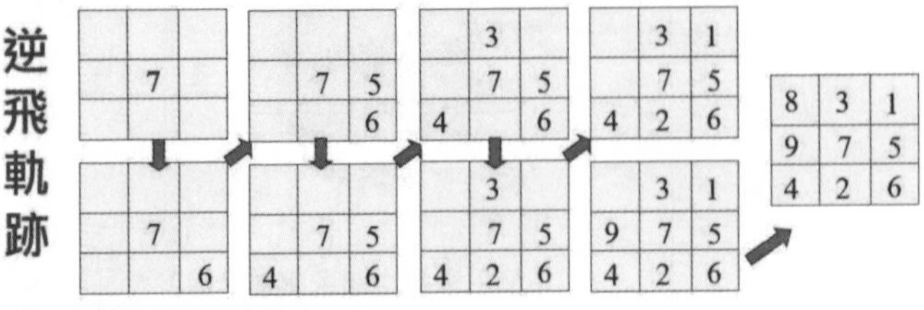

【紫白飛星之逆飛演化軌跡圖】

※、九星之陰星和陽星代表：

一白坎，坎代表中男，為**陽**。
二黑坤，坤代表老母，為**陰**。
三碧震，震代表長男，為**陽**。
四綠巽，巽代表長女，為**陰**。
五黃土，中代表起始，為**陰**。
六白乾，乾代表老父，為**陽**。
七赤兌，兌代表少女，為**陰**。
八白艮，艮代表少男，為**陽**。
九紫離，離代表中女，為**陰**。

宅名	坐山	出向
乾宅(6)	西北方	東南方
坤宅(2)	西南方	東北方
震宅(3)	正東方	正西方
巽宅(4)	東南方	西北方
離宅(9)	正南方	正北方
坎宅(1)	正北方	正南方
兌宅(7)	正西方	正東方
艮宅(8)	東北方	西南方

【依坐山方向，可快速得知其宅名】

翔丰手札－026：

以當年宅運星入中宮，依掌指法而飛佈，逢陽順飛，逢陰逆飛，可定線文昌位（4）、財帛位（8）、時空財位（9）。

七、真訣五：元辰天命訣

元辰天命訣（五行訣）

↓當你想瞭解自己居住家宅的五行合適程度，可以查詢下列表格的元辰天命訣，自我五行命格與適合居住家宅，相生相旺之五行運勢。

依照生辰天命訣之五行，查詢每一個人的出生年份，如果是民國年出生則查詢民國訣，如果是西元年則是查詢西元訣，所查詢出來的五行命格，對應每個人的生辰天命，用五行開運的生旺運用（木生火，火生土，土生金，金生水，水生木），善用居家環境的佈局，可以旺運每一位有緣的朋友及你自己。

205	204	203	千位數	
202	201	200		
199	198	197		
196	195	194		
193	192	191		個位數
土	木	金	1	0
金	水	木	3	2
火	金	水	5	4
水	火	土	7	6
土	木	火	8	
土	木	火	9	

【元辰天命訣之五行運勢表】

翔丰手札－027：

善用生辰天命，展開五行開運的循環運用（木生火，火生土，土生金，金生水，水生木），佈局居家環境的生旺。

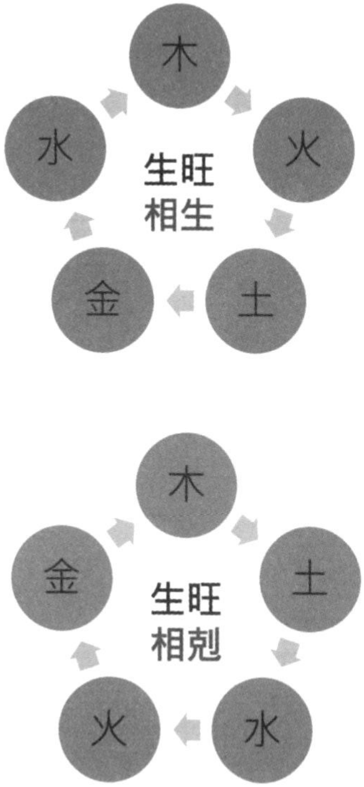

【五行開運之生旺運用於家宅風水】

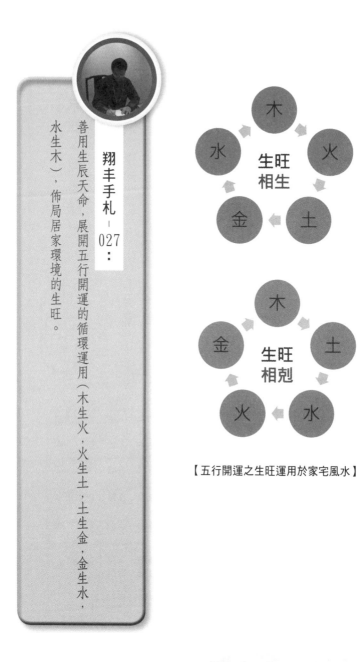

八、真訣六：零正神水訣

零正神水訣（財水訣）

→依三元風水地理的運數原則，九運為 180 年的循環，見表格所示一運到四運為上元表；而五運到九運為下元，合稱為二元九運年表。其中的五運不見了，是因為遇水要快速催發之緣故，將五運的前十年給了四運合併，再將五運的後十年給了六運合併之快速催發。

※、零正神水訣應用：

→依照表格的零正神水訣之催照表中，目前我們所處的運數是八運，而八運的年度是由西元 2004 年到西元 2023 年的二十年。這八運中的二十年中快速催發之零正

九運	八運	七運	六運	四運	三運	二運	一運	催照說明
9 離	8 艮	7 兌	6 乾	4 巽	3 震	2 坤	1 坎	正　神
1 坎	2 坤	3 震	4 巽	6 乾	7 兌	8 艮	9 離	零　神
1 坎	2 坤	3 震	4 遜	6 乾	7 兌	8 艮	9 離	催財正水
4 巽	3 震	2 坤	1 坎	9 離	8 艮	7 兌	6 乾	催 官 水
2 坤 3 震	1 坎 4 巽	1 坎 4 巽	2 坤 3 震	7 兌 8 艮	6 乾 9 離	6 乾 9 離	7 兌 8 艮	吉 照 水

→ 西元2004年~2023年 (民國93年~112年)

【零正神水訣之 180 年的催照循環表】

方位，如下說明。

一、見表所示之「**正神即爲高**」方位在「**艮方**」。

二、見表所示之「**零神即爲低**」方位在「**坤方**」。

三、見表所示之「**催財正水**」的方位在「**坤方**」。

四、見表所示之「**催官水**」的方位在「**震方**」。

五、見表所示之「**吉照水**」的方位在「**坎方、巽方**」。

※、牢記：

高處之擺設方位為「**正神**」，低處的水池聚氣方位為「**零神**」要訣應用。

※、零正水催照之訣竅：

一、零正催照可用水催發，可用於「**屋外、客廳**」，不適用於「**臥室**」。

二、零神：又名正水，**宜低**、最宜見水。

上元	一運	同治3年~光緒9年	西元1864年~1883年
	二運	光緒10年~光緒29年	西元1884年~1903年
	三運	光緒30年~民國12年	西元1904年~1923年
中元	四運	民國13年~32年	西元1924年~1943年
	五運	民國33年~52年	西元1944年~1963年
	六運	民國53年~72年	西元1964年~1983年
下元	七運	民國73年~92年	西元1984年~2003年
	八運	民國93年~112年	西元2004年~2023年
	九運	民國113年~132年	西元2024年~2043年

【零正神水訣之180年的元運年表】

三、正神：當旺元運之神，**宜高**、不得見水，有水名殺、主損丁。

四、催財水（**零神**）：催財用，用水不用氣。

五、催官水（**正神**）：催官用，以「**河圖**」之數，用氣不用水。

六、零正神之兩大風水系統：**山主人丁**、**水主財**。

七、零神（衰卦）：**遇水則發**、放音響、鏡子、魚缸、水、放低、不可放爐灶。

八、正神（旺卦）：**遇山則發**、放高植物、高櫃子、大葉活木、可放冷氣之靜物。

九、切忌：電器用品不可放在本命生肖卦方位。

十、零正法則，是最自然的風水論法，佈局是「**見山則高、見水則低**」。

翔丰手札－028：

風水零正佈局是遇水，則會快速催發；五運的前十年給了四運，再將五運的後十年給了六運，形成「二元八運」之遇水速發格局。

九、真訣七：四祥獸真訣

四祥獸真訣（方位訣）

↓風水之妙，在於格局理氣；風水之快，取決於快應驗格；風水之易，形貌於長短遠靠；風水之通，總歸於藏風聚氣、風生水起。其形巒的長短遠靠，則是易學易用之風水格局論法中的四祥獸真訣，其口訣：「**左青龍、右白虎、前朱雀、後玄武**」。

一、左邊為長，謂之**青龍格局**，左（東方）。

二、右邊為短，謂之**白虎格局**，右（西方）。

三、前方為遠，謂之**朱雀格局**，前（南方）。

四、後方為靠，謂之**玄武格局**，後（北方）。

↓龍虎朱玄之四祥獸真訣之**高低遠近**，關乎於相宅格局之簡易催發，是能簡易學習的易學易用之方。藏風聚氣，則是能量中的聚財旺運，採用**能量聚氣**行旺運之象，**搭配顏色**

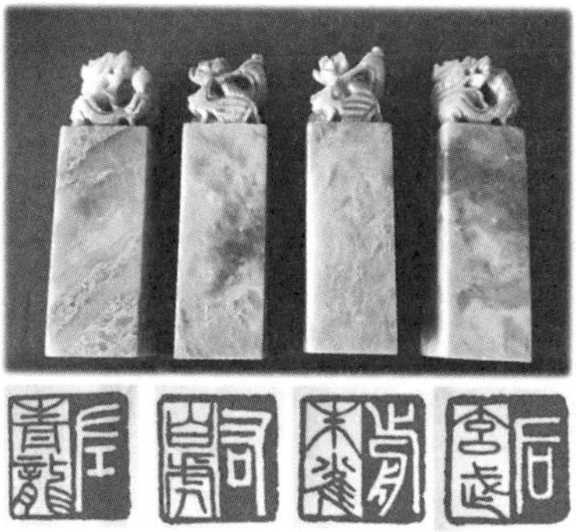

【篆印：左青龍、右白虎、前朱雀、後玄武】

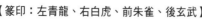

之調節，輔以玄關**迴風之聚**，流水**造景之氣場**營造，能達到風生水起之藏風聚氣，以天地磁場的能量加上環境佈局之玄妙，翔手所分享之風水堪輿應用，能讓有緣朋友能自學並自我營造居家的福地福人居。

※、左青龍右白虎之注意要點：

一、三合院之龍虎邊，均等最好，不可大於庭院。

二、左右砂手太長會拖累，造成不賺錢、負債。

三、龍虎邊有一邊內彎，為龍虎回頭，大凶、多病痛。

四、龍、虎邊之開口時，容易車禍。

五、家宅圍牆之左大換妻；右大孤寡。

六、明堂廣大且車水馬龍，會有聚氣，故會大發財。

七、左白虎不宜過高，為猛虎抬頭，主妻佔權。

※、龍虎之均衡要點：

一、「左龍右虎」－青龍強、白虎弱，為吉。

二、「龍昂伏虎」－左青龍高、右白虎低。

三、「龍長虎短」－左青龍長寬、右白虎窄短。

四、「龍近虎遠」－左青龍近、右白虎遠。

五、「龍盛虎衰」－左青龍多、右白虎少。

六、「龍怕吵、虎怕臭」－左青龍要安靜、右白虎要乾淨。

※、前朱雀後玄武之互動：

正好是動與靜的結合，有山有水、有動有靜，才是風水之道。

※、家居風水中的方位：

一、甲乙東方木，起**青龍**。丙丁南方火，起**朱雀**。

二、中央戊己土，起**勾陳**、**騰蛇**。

三、庚辛西方金，起**白虎**。壬癸北方水，起**玄武**。

翔丰手札－029：

相宅格局之催發，靠「能量聚氣、顏色調節、玄關迴風、流水造景」，能達到風生水起之藏風聚氣之妙。

十、真訣八：奇門時空訣

奇門時空訣（流年訣）

→又稱奇門遁甲之時空訣，在古代被稱爲帝王之學，可視為一種天文星象，與地球磁場變化的應用科學，它利用天時、地利、人和達到事半功倍的理氣應用。

→理論架構是建立於河圖、洛書、八卦、天干、八門、九星、九宮、五行、節氣等。應用時機：求財、約會、談判、婚娶、考試、遠行、上任、營建、入宅、求職等多元化參考。

→以奇門吉時為例，是以出發時辰為準，若是辦事吉時為例，若能在同一時辰完成較佳。也可以應用於改變個人運氣，每日早上第一次出門，盡可能選擇吉時吉方出門，吸收有利的磁場，增加個人運氣。

【河圖】一六在下、二七在上、三八在左、四九在右、五十在中央。

【洛書】戴九履一、左三右七、二四為肩、六八為足、五居中央。

【八卦】乾一、兌二、離三、震四、巽五、坎六、艮七、坤八（先天八卦）。

【天干】甲、乙、丙、丁、戊、己、庚、辛、壬、癸。
【地支】子、丑、寅、卯、辰、巳、午、未、申、酉、戌、亥。
【八門】開門、休門、生門、傷門、杜門、景門、死門、驚門。
【八神】直符、騰蛇、太陰、六合、勾陳、朱雀、九地、九天。
【九星】天蓬、天芮、天沖、天輔、天禽、天心、天柱、天任、天英。
【九遁】天遁、地遁、人遁、風遁、雲遁、龍遁、虎遁、神遁、鬼遁。
【九宮】東、西、南、北、中央、東北、東南、西南、西北（九個宮位）。
【九紫】一白、二黑、三碧、四綠、五黃、六白、七赤、八白、九紫（星曜）。
【五行】木、火、土、金、水。
【節氣】立春、春分、立夏、夏至、立秋、秋分、立冬、冬至。
雨水、驚蟄、清明、穀雨、小滿、芒種、小暑、大暑、處暑、白露、寒露、霜降、小雪、大雪、小寒、大寒（四季中更細微的氣候變化）。
【三奇】乙（日奇）、丙（月奇）、丁（星奇）。
【六儀】戊（甲子）、己（甲戌）、庚（甲申）、辛（甲午）、壬（甲辰）、癸（甲寅）。

※、河圖與五行之關係：

五行：一六水，二七火，三八木，四九金，五十土。

口訣：一六共宗水，二七同道火、三八為朋木、四九為友金、五十共守土。

※、洛書與後天八卦之關係：

一坎、二坤、三震、四巽、五入中宮、六乾、七兌、八艮、九離。

※、洛書與奇門遁甲之關係：

一白坎水休門、二黑坤土死門、三碧震木傷門、四綠巽木杜門、五黃宮寄中門、六白乾金開門、七赤兌金驚門、八白艮土生門、九紫離火景門。

※、二十四節氣之關係：

一、立春、春分、立夏、夏至、立秋、秋分、立冬、冬至（四立、二至、二分）。

二、冬至、立春、春分、立夏（陽四節）；夏至、立秋、秋分、立冬（陰四節）。

三、冬至統小寒、大寒；立春統雨水、驚蟄。

四、春分統清明、穀雨；立夏統小滿、芒種。

五、夏至統小暑、大暑；立秋統處暑、白露。

六、秋分統寒露、霜降；立冬統小雪、大雪。

※、奇門遁甲之介紹：

一、以乙、丙、丁，稱為**三奇**。

二、以開、休、生、傷、杜、景、驚、死，為八門，故名「**奇門**」。

三、天干中「甲」最尊貴而不顯露，

四、六甲常隱藏於「**戊**、**己**、**庚**、**辛**、**壬**、**癸**」六儀之內。

五、三奇、六儀分布九宮，而甲不獨佔一宮，故名「**遁甲**」。

※、奇門遁甲之六甲，隱藏規律：

一、「甲子」藏於「戊」下。　二、「甲戌」藏於「己」下。

三、「甲申」藏於「庚」下。　四、「甲午」藏於「辛」下。

五、「甲辰」藏於「壬」下。　六、「甲寅」藏於「癸」下。

七、奇門遁甲之牢記：

「**甲子戊**」、「**甲戌己**」、「**甲申庚**」、「**甲午辛**」、「**甲辰壬**」、「**甲寅癸**」。

※、奇門遁甲之起源：

一、黃帝炎帝聯軍和蚩尤在涿鹿展開的一場大戰，取得了勝利。

二、黃帝令風后演繹天書，完成：大六壬、太乙神數、奇門遁甲一千零八十局（陽遁、陰遁各五百四十局）。

三、該術數為姜子牙所習得，由姜子牙刪減為七十二局（陽遁、陰遁各三十六局）。

四、再經過**姜子牙**傳給**黃石公**，再由黃石公傳給**張良**，最終由張良將其精簡為現今的**十八局**（陽遁、陰遁各九局）。

※、奇門遁甲之使用名人：

一、奇門遁甲八卦為基礎，結合星相曆法、天文地理、八門九星、陰陽五行、三奇六儀等要素。

二、**姜子牙**、**范蠡**、**張良**、**諸葛亮**、**劉伯溫**等人都曾使用過奇門遁甲。

翔丰手札－030：

洛書、後天八卦、奇門遁甲之巧妙關係，結合陰陽五行之互參，能擇吉時吉方吉運，增加宅運吉象。

※、奇門時空之擇日吉凶法：

↓以**日期**的**天干**、**地支**與**時辰**的**地支**相加之數，定吉凶。

↓規則：天干：甲己9 乙庚8 丙辛7 丁壬6 戊癸5

地支：子午9 丑未8 寅申7 卯酉6 辰戌5 巳亥4

時間：子（23～01），丑（01～03），寅（03～05），卯（05～07），

辰（07～09），巳（09～11），午（11～13），未（13～15），

申（15～17），酉（17～19），戌（19～21），亥（21～23）

↓擇日吉凶數字由13到27

13 15 16 18 21 22 24 25 26 是9**個吉數**。

14 17 19 20 23 27 為6**個凶數**。

例如：有一天的擇日是**戊丑日**早上10點 出門（**巳時**）

日期→戊是5，丑是8，加總：5＋8＝13

時間→巳是4，再加總：4＋13＝17

→所以查詢出門吉凶數是17**凶數**，其時間不吉利。

那就試著晚一個時辰出門，改變數字為 21**吉數**，再出門。

※、奇門時空之出行訣吉凶法：

→選時出行吉凶時，每個數字都有它的出行，方向、時間，要算動時辰，碰見的事物，

才有效。

→吉凶數用法：**日天干**＋**日地支**＋**時辰地支**

→規則：天干：甲己9 乙庚8 丙辛7 丁壬6 戊癸5

地支：子午9 丑未8 寅申7 卯酉6 辰戌5 巳亥4

時間：子（23～01），丑（01～03），寅（03～05），卯（05～07），
辰（07～09），巳（09～11），午（11～13），未（13～15），
申（15～17），酉（17～19），戌（19～21），亥（21～23）

↓出行訣之吉凶數字，由13到27

13 15 16 18 21 22 24 25 26 是9**個吉數**。

14 17 19 20 23 27 為6**個凶數**。

例如：有一天要出外談生意是**癸酉日**下午2點半出門（**未時**）：

日期↓癸是5，酉是6，加總：5＋6＝11

時間↓未是8，再加總：8＋11＝19

↓所以查詢出門談生意吉凶數是19**凶數**，其出行不吉利。

↓那就試著晚半時辰出門，下午3點再出門（**申時**）：

日期↓癸是5，酉是6，加總：5＋6＝11

時間↓申是7，再加總：7＋11＝18

改變數字為18**吉數**，再出門談生意，一定吉祥成功。

※、奇門時空訣之數字吉凶，判斷法：

0　無、開始

1　一定

2　口舌、是非、成雙

3　散失、到達

4　對、是、有條件的

5　沒有、我

6　順利、平安、繞跑

7　消散、消除

8　發

9　就是、當下、長久

※、奇門時空訣之時間吉凶，判斷法：

12點陰陽交界點

午12點，最旺；晚12點，一日之開始；

12點30分，六六大順

1點第一

凌晨1點18分，靈氣最強；

1點30分，第一的一半

2點雙雙對對、成雙成對

3點投胎、到達、吉凶參半

4點死

4點過後，代表死而後生

5點 我
6點 六六大順
7點 除去、清除、清除晦氣
8點 發、警示、醒世
9點 永久、到了
10點 合十、團圓、聚會、圓滿
11點 雙雙對對。

5點30分，我的一半
6點30分，代表半順
8點30～44分代表仙逝、死亡
9點30分代表永久的一半
9點30分代表競爭、第一

※、奇門時空擇日之用法：

一、**吉祥擇日**：每月節氣後三天，加上兩個望日，共8天供選擇之。

應用先翻開農民曆（董公法），然後再以奇門時空訣挑選之。

二、**吉祥擇時**：1、6、8、9、10、12。

可符合「天界、紫白、奇門、董公」之吉數，會有好兆頭。

三、**結婚吉祥時辰**：10：00迎娶；11：00入門。

※、奇門時空訣之先後天八卦應用：

一、提到「方位」皆為「後天之八卦」應用。

二、提到「理氣」才用「先天之八卦」。

三、玄空五行，就是採用「先天卦數」，即河圖之理數。

四、即是「先天為體；後天為用」之意。(用，即是用在方位)

※、奇門時空訣之應用法則：

一、補足好能量：擇日＋擇時。

二、提前來報到：比約定時間提早來報到、赴約或出發。

三、開門與走春：開店、敞開大門、春節吉時之登門拜訪。

※、奇門時空訣之鎮財位：

依奇門遁甲的每年時空財位之尋找，該年之九紫財位方即是鎮財位，要發揮財位方之鎮財與補財位破損，以達到**催財**、**聚財**之效果，最有效之方法是先找出「**該年之時空財位方**」，將已開光並加持過之「**正財元寶**」掛在財位方上，以達到「**補財庫**、**催財氣**、**化損財煞氣**」之應用。

運數	西元年	民國年	時空財位方
八運	2019	108	西北 方
	2020	109	正西 方
	2021	110	東北 方
	2022	111	正南 方
	2023	112	正北 方
	2024	113	西南 方
九運	2025	114	正東 方
	2026	115	東南 方
	2027	116	中宮 方
	2028	117	西北 方
	2029	118	正西 方
	2030	119	東北 方
	2031	120	正南 方
	2032	121	正北 方
	2033	122	西南 方
	2034	123	正東 方
	2035	124	東南 方
	2036	125	中宮 方
	2037	126	西北 方

【依奇門時空訣之九紫，排出每年時空財位方】

居家的內外格局每九年一輪之影響，往往會造成屋宅之「財位破、財位漏洞」之時空磁場的靈動力，在時空財位方掛正財元寶，能補強當年時空財運並化解漏財的疑慮。該年之財位方可能因為內在或外面「動土」，或是座落在「廁所方」，而造成財位破損，會帶來意外損財、橫禍破財。

翔丰手札－031：

出行訣之吉凶數字、擇日、擇時、選方位，是風水師的專業，一定要謹慎學習與用心挑選出好兆頭。

十一、真訣九：乘止截虛氣

乘止截虛氣（立極訣）

↓又稱為玄空風水論法之立極（立向）真訣，風水立向，氣乘風即散，界水則止。如有山，則以山為坐；如無山為坐，則以水為向；如無水，則以路為向；如無路，則以明堂為向；如無明堂，則以門為向。以這五個次序，定坐立向，口訣是「**乘、止、截、虛、氣**」，其風水堪輿之立極強調「**龍、水、向**」三合，乃是巒頭風水之精華所在，能夠龍向水三連珠（**立極時坐山控制在五度之內**），即主大富貴。

【乘】乘龍前行，而坐在其中，「**以山脈爲坐、另一方爲向**」。

【止】海川流動，界水即氣口，「**以界水爲向**」。

【截】截龍流動，馬路即氣口，「**以馬路爲向**」。

【虛】虛空流動，明堂即氣口，「**以明堂爲向**」。

【氣】有氣流動，氣口即大門，「**以氣口爲向**」。

※、立極五個次序，定坐立向：

【立極之定坐立向】

一、氣乘風即散，有氣流動，即可以為向。　二、家宅氣口即大門，即以大門為向。

三、無龍脈、界水、橫路及明堂定立向，則以門為向。

四、山主陰，氣口主陽，以陽面為向。　五、高山主靜，低山主動，以山脈為向。

※、立極五個要訣，定坐立向：

一、如有山，則以山為坐。　二、如無山，則以水為向。　三、如無水，則以路為向。

四、如無路，則以明堂為向。　五、如無明堂，則以門為向。

※、立極五個應用，定坐立向：

一、龍（大地之氣流），以來龍為向。　二、穴（氣之集中處），不立極，聚氣為主。

三、砂（穴的周圍地形），以山脈為向。四、水（穴周圍之水流），以界水為向。

五、向（屋之面向），以氣口為向。

翔丰手札－032：

巒頭風水強調「龍、水、向」三合，察看「山脈、河川、坐向」互參，達到乘風行，界水止。

第肆章

風水局・堪輿實例

第肆章

風水局　堪輿實例

風水之學習後，一定要深入堪輿實例的瞭解，才能明白佈局的真正意義，也才能體會各式各樣屋宅的相宅技巧，此章節針對翔手的堪輿個案，整理了三大類的堪輿實例，分別是居家堪輿實例、公司堪輿實例及開業堪輿實例等十多個案例分享，讓有緣的讀者能清楚明瞭，

一、居家堪輿實例

※、公寓樓房之佈局分析一：

【座落於大都會的公寓樓房－翔丰拍攝】

Ⅰ 公寓樓房之外在格局分析：

【大都市的 4 樓公寓樓房，存在外部兩個煞氣】

Ⅱ 公寓樓房之內在格局分析：

【客廳，使用藍光易精神耗弱】

【房間，勿有房中房之雙拉門】

【房間，牆角內部對著大壁刀】

【廚具，勿形成開門有阻格局】

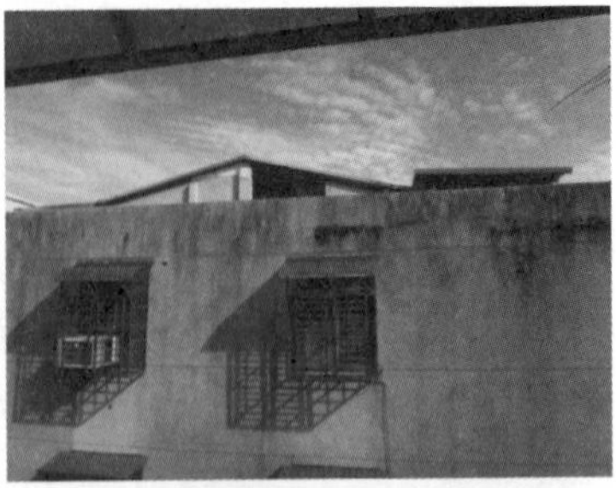

【窗外，有正對著屋簷之扛官煞】

【窗邊，正對屋外之電筒煞】

【屋內，裝紅窗簾易動怒格局】

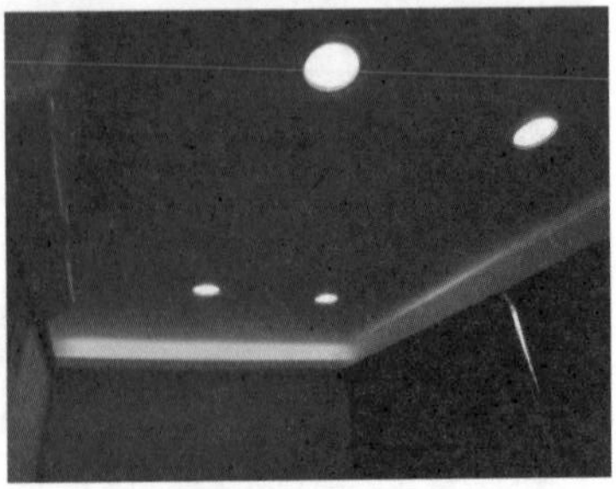

【房間，間接照明勿點藍光】

Ⅲ 公寓樓房之平面圖格局判斷法：

1、測量屋宅坐向方位：確認屋宅之坐向、何宅名？

2、測量線法及生肖判斷：找出缺角處有煞到哪個生肖？

3、九宮格法及疾病判斷：找出廁所、廚房煞氣方、哪些影響？

4、紫白飛星法之佈局判斷：找出文昌位、財位、時空財位？

5、零正神法與催照水之佈局判斷：找出正神位與零神財水位？

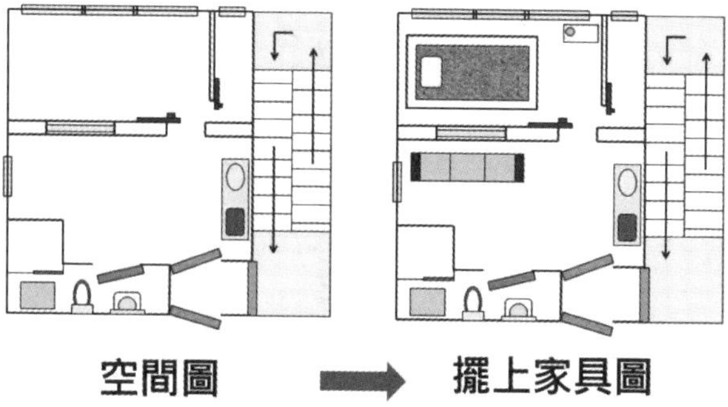

【公寓樓之空間平面與擺上家具圖 - 翔丰繪製】

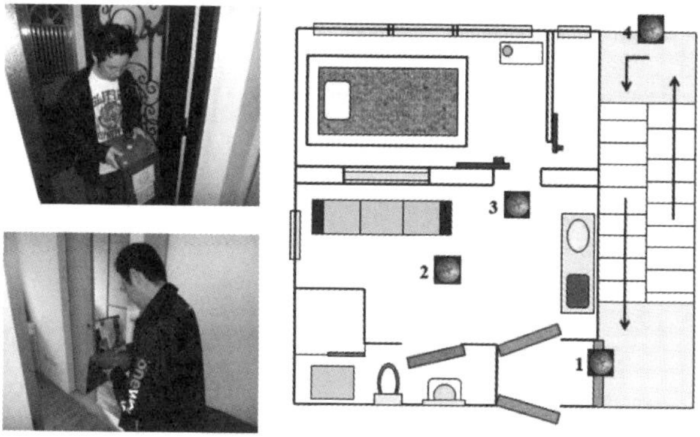

【公寓樓之測量四個位置之坐向圖 - 翔丰繪製】

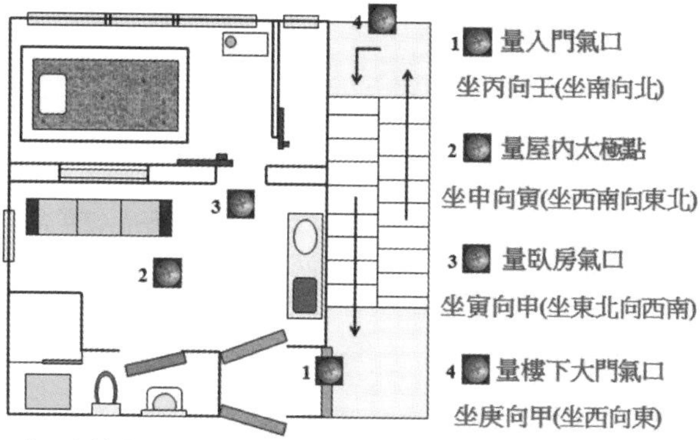

【公寓樓之四處坐向方位測量結果圖 - 翔丰繪製】

Ⅳ 公寓樓房之佈局步驟圖：

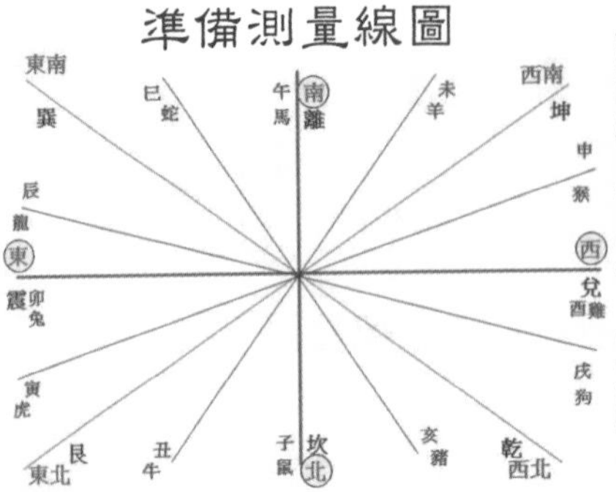

【步驟一：準備佈局測量線圖】

標方位坐標

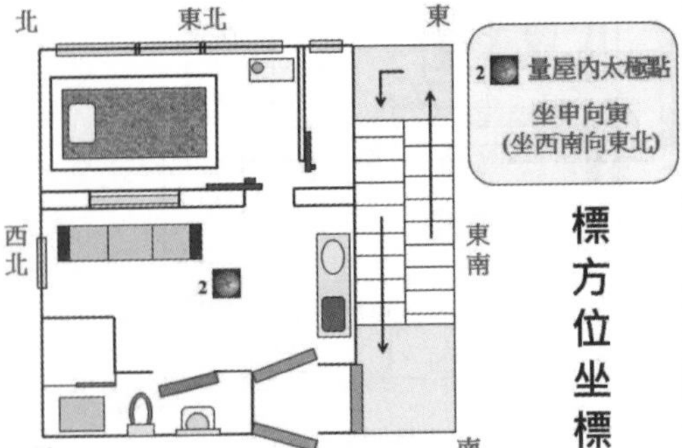

【步驟二：標示出量測之方位坐向】

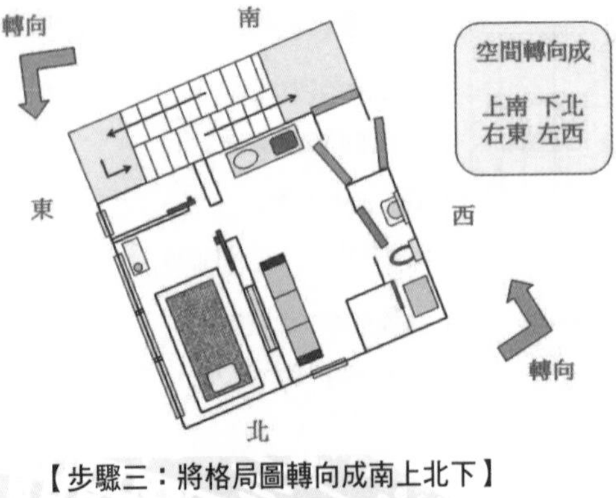

【步驟三：將格局圖轉向成南上北下】

翔丰手札－033：

「紫白飛星訣」又稱為「九星飛泊法」，以屋宅的坐山之宅名（數字）入中宮，以中宮為主，向八方飛星而排出相生相旺之星曜，以定線「文昌位（4）、正財位（8）、文曲位（6）、官祿位（9）、病符位（5）」。

2 量屋內太極點
坐申向寅
(坐西南向東北)

九星飛泊
坐申向寅
(坐西南向東北)
坤方 2星入中宮

準備九星飛泊圖

巽 東南方 ?	離 南方 ?	坤 西南方 ?
震 東方 ?	中宮 中間方 2	兌 西方 ?
艮 東北方 ?	坎 北方 ?	乾 西北方 ?

【步驟七：準備九星飛泊圖－南上北下】

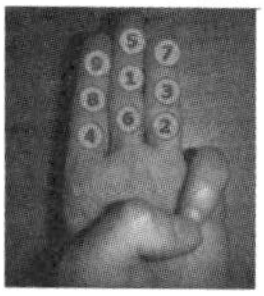

九星飛泊
坐申向寅
(坐西南向東北)
坤方 2星入中宮

推演九星飛泊圖

1	6	8
9	2	4
5	7	3

【步驟八：推算出九星飛泊之何星入中宮】

套入九星飛泊圖

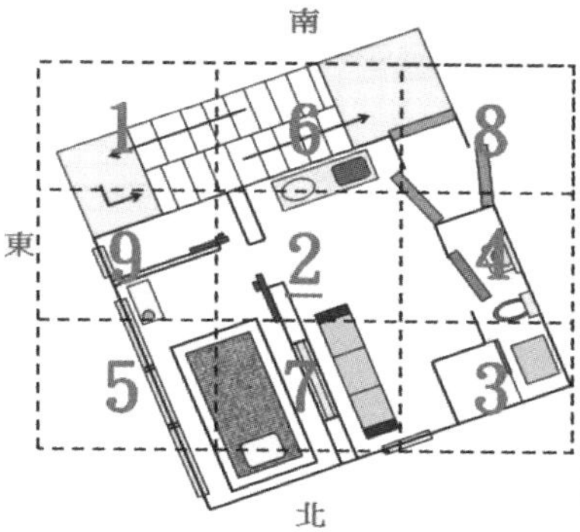

【步驟九：套入佈局九星飛泊圖－南上北下】

套入測量線圖

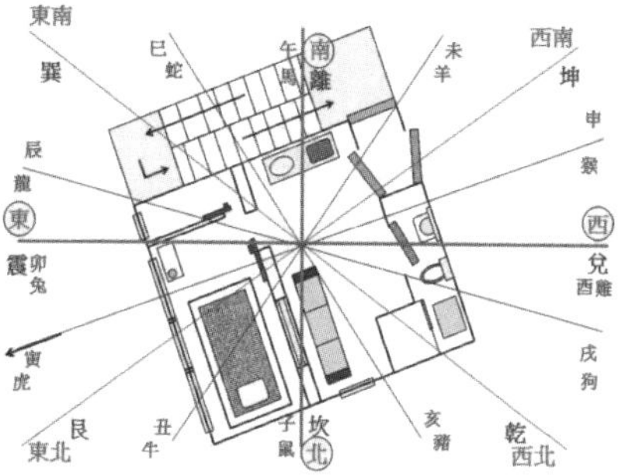

【步驟四：套入佈局測量線於格局圖】

準備九宮格圖

巽 東南方	離 南方	坤 西南方
震 東方	中宮 中間方	兌 西方
艮 東北方	坎 北方	乾 西北方

【步驟五：準備九宮格圖－南上北下】

套入九宮格圖

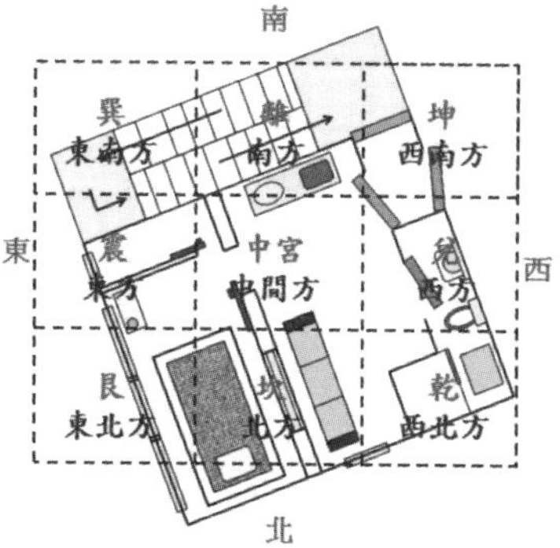

【步驟六：套入佈局九宮格於格局圖】

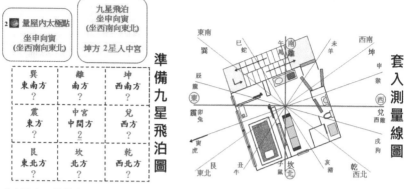

V 公寓樓房之佈局圖說明：

【測量線法－說明】

1、依方位測量線之方位生肖法。

2、客廳之大財位在「北方－坎」的位置。

3、依量測線法，其「廁所」影響，三個生肖。

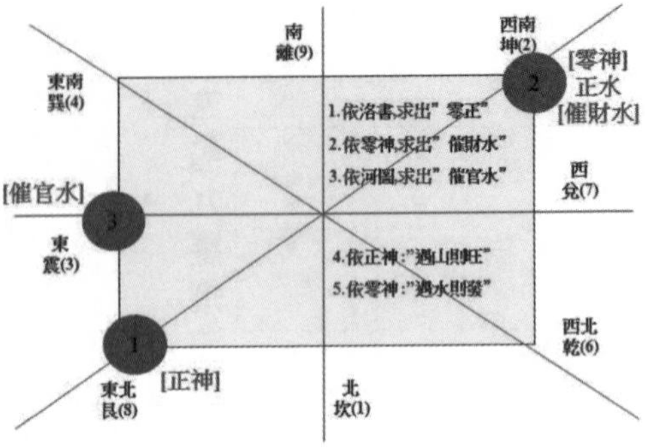

【步驟十：準備零正神圖－南上北下】

套入零正神催照圖

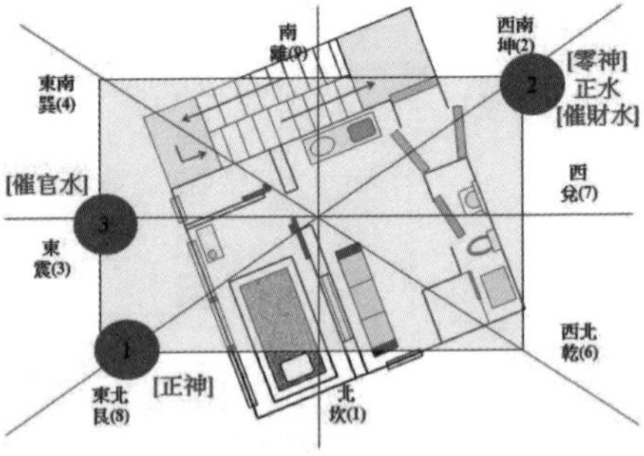

【步驟十一：套入零正神催照圖－南上北下】

4、依量測線法，其「廚房」影響，一個生肖。

5、依坐西南向東北之「坤宅」；八煞方生肖卯方為「肖兔」。

6、該八煞方生肖之貴人為「肖狗」。

【測量線法－補充－八煞歌訣】

坎龍坤兔震山猴、艮虎乾馬兌蛇頭、離豬巽雞頭。

※、八煞方整理：

震宅之煞氣方：**申－猴**、巽宅之煞氣方：**酉－雞**、

坎宅之煞氣方：**辰－龍**、離宅之煞氣方：**亥－豬**、

乾宅之煞氣方：**午－馬**、坤宅之煞氣方：**卯－兔**、

兌宅之煞氣方：**巳－蛇**、艮宅之煞氣方：**寅－虎**。

※、貴人生肖為何？

八煞生肖	**鼠**	**牛**	**虎**	**兔**	**龍**	**蛇**
生肖貴人	**牛**	**鼠**	**豬**	**狗**	**雞**	**猴**

八煞生肖	**馬**	**羊**	**猴**	**雞**	**狗**	**豬**
生肖貴人	**羊**	**馬**	**蛇**	**龍**	**兔**	**虎**

【九宮格法－說明】

1、依「九宮格圖」之九宮格催照法。

2、其「廁所」在乾；影響老男，「頭、肺」。

3、其「廁所」在兌；少女，「舌、口、喉、肺」。

4、其「廚房」在離；影響中女，「目、心」。

5、其當年的「2014年－時空財位」在「正北－坎」。

【九宮格法－補充－屋宅坐落方位與缺角影響】

「**西北方**」：乾－老人男性，影響「頭、肺」。

「**西南方**」：坤－老人女性，影響「腹、脾、胃」。

「**東方**」：震－長男，影響「足、肝、髮、喉」。

「**東南方**」：艮－長女，影響「肢、股、氣管」。

北方」：坎—中男，影響「耳、血、腎」。
「**南方**」：離—中女，影響「目、心」。
「**東北方**」：巽—少男，影響「手、骨、鼻、背」。
「**西方**」：兌—少女，影響「舌、口、喉、肺」。
「**西南方**」：坤—老人女性，影響「腹、脾、胃」。

【九星飛泊法】

1、依「紫白飛星訣」之九星飛泊順飛法。
2、其「文昌位」在4，位於廁所；不利讀書。
3、其「文曲位」在6，位於廚房；不利考試。
4、其「正財位」在8，位於大門；不利聚財。
5、其「病符位」在5，位於房間；易生疾病。

【零正神催照法】

1、依洛書，得出目前「零正」為八運催照法。

2、依零正，得出「催財水」→西南方（坤）。
3、依河圖，得出「催官水」→東方（震）。
4、依正神，「遇山則旺」→東北方高（艮山）。
5、依零神，「遇水則發」→西南方低（坤水）。

【零正神催照法－補充表】

翔丰手札－034：

居家相宅之佈局

1. 先看整體，畫出各個位置圖，找出中心立極點，等分12條線（定地支）。
2. 再看此格局所犯之問題所在之「方位、宮位、地支位」，核對兩個以上之法則，判斷答案即出。

九運	八運	七運	六運	四運	三運	二運	一運	催照
離	艮 -8	兌	乾	巽	震	坤	坎	正神
坎	坤 -2	震	巽	乾	兌	艮	離	零神
坎	坤 -2	震	巽	乾	兌	艮	離	催財水
巽	震 -3	坤	坎	離	艮	兌	乾	催官水
坤 震	坎1巽4	坎 巽	坤 震	兌 艮	乾 離	乾 離	兌 艮	吉照水
2024年～2043年	2004年～2023年	1984年～2003年	1964年～1983年	1944年～1963年	1924年～1943年	1904年～1923年	2044年～2063年	西元年
113年～132年	93年～112年	73年～92年	53年～72年	33年～52年	13年～32年	清朝～12年	133年～152年	民國年

【補充－屋宅缺角方位與影響之簡易化解】

1、缺角處種綠植物。

2、缺角處裝一盞燈。

3、於外在建築之缺角處，彌補並拉成正方形。

【補充－屋宅樓層與合適生肖】

「北方」水：選1、6樓：鼠、虎、兔、豬。

「南方」火：選2、7樓：牛、龍、蛇、馬、羊、狗。

「東方」木：選3、8樓：虎、兔、蛇、馬。

「西方」金：選4、9樓：鼠、雞、猴、豬。

「中央」土：選5、10樓：牛、龍、羊、猴、狗。

【補充－新家入宅簡易擇日法則】

1、由「十字線法則」及「理氣三合」可規避六個地支，換算六個時段。

2、再取出可用之「六個地支，換算六個時辰時段」。

3、可用之六個時段，再扣去「家中生肖之地之時段」。

4、參照「農民曆」看「可行之事件」之日，是否為「吉日吉時」。

5、另外，改造住家時，「沖到生肖之人」，能盡量避開為佳。

翔丰手札-035：

居家相宅之判斷四法則

「**分房訣**」— 依照其左、右、男、女、陰、陽。

「**生肖卦位斷訣**」— 對應其地支之生肖。

「**十字線斷訣**」— 找出其能量被分配到四個生肖。

「**理氣三合斷訣**」— 找出其三個影響生肖。

※、透天樓房之佈局分析二：

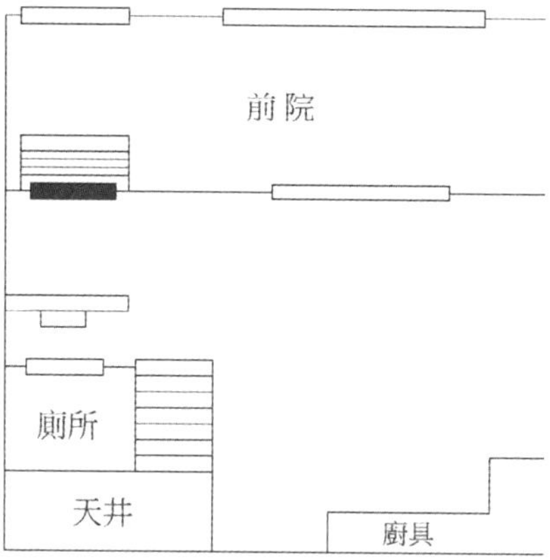

【座落於工業區的透天樓房一樓平面圖－翔丰繪製】

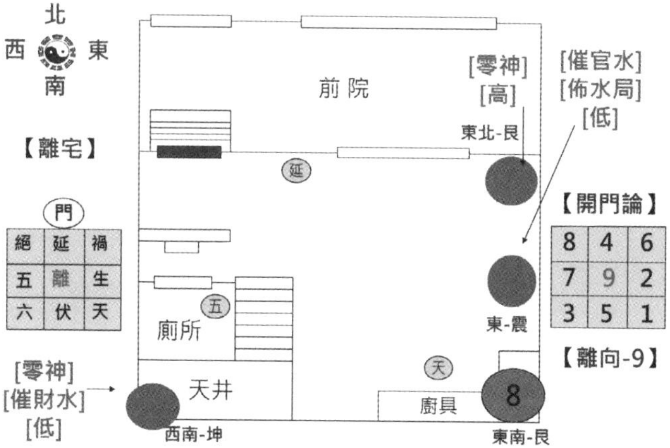

【透天樓房一樓平面圖，測量示意圖－離宅】

一、透天樓房之內在格局1F分析：

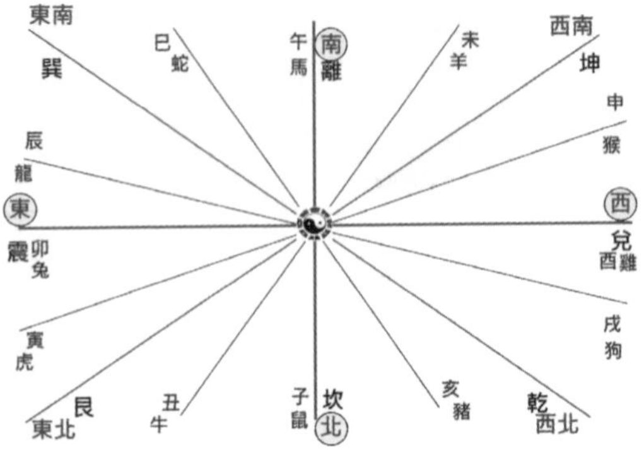

【佈局準備測量線】

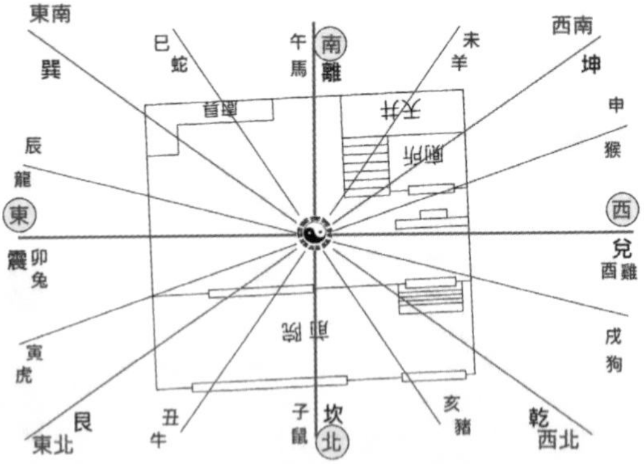

【一樓平面圖，套入測量線，南上北下】

【透天樓房－1F－格局解說】

屋向：坐南向北之離宅透天樓房

1、一樓之大財位在室內「東南方」。

2、於催財與催官之位置「佈水局」或「較低的器皿」。

3、於正神方之位置，擺「較高之家具」或物品。

4、依判斷，其「廁所」位置，很恰當。

5、依判斷，其「廚房」位置，也恰當。

6、依判斷，其「開門」位置，偏了一點。

7、依八卦論斷，其「廁所」位置，會引發腸胃問題。

8、依八卦論斷，其「廚房」位置，會引起筋骨問題。

Ⅱ透天樓房之內在格局2F分析：

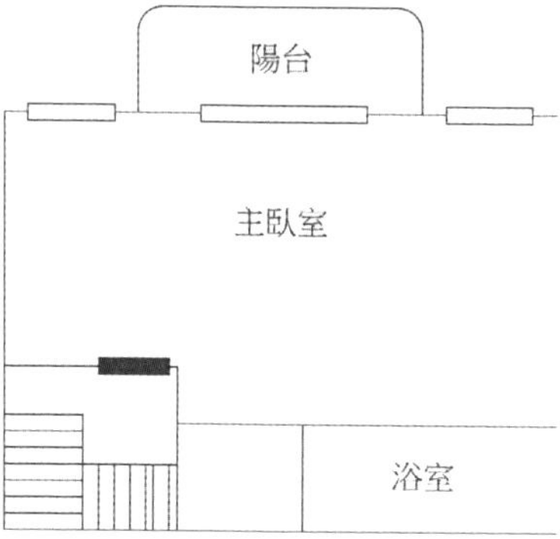

【座落於工業區的透天樓房二樓平面圖－翔丰繪製】

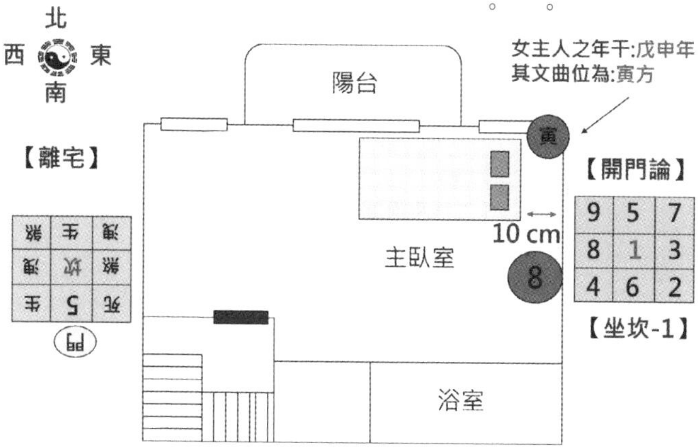

【透天樓房二樓平面圖，測量示意圖－離宅】

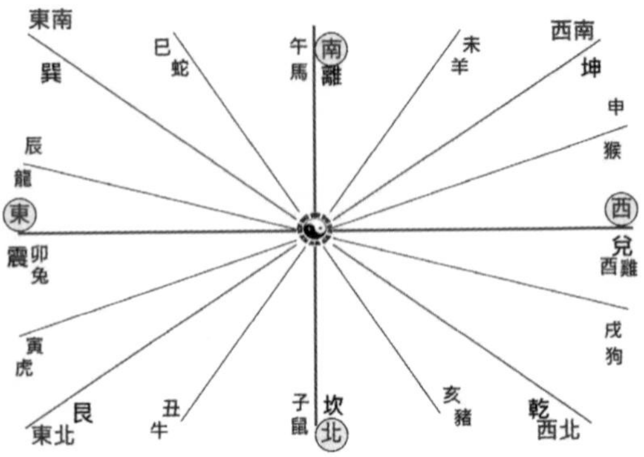

【佈局準備測量線】

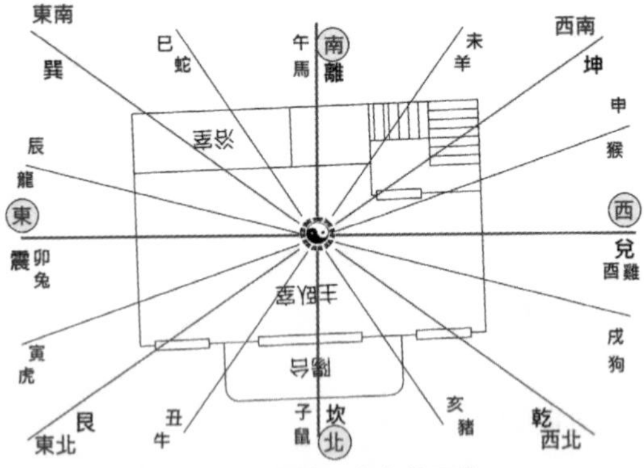

【二樓平面圖，套入測量線，南上北下】

【透天樓房－2F－格局解說】

屋向：坐南向北之離宅透天樓房

1. 二樓之小財位在室內「正東方」。
2. 其文曲之位置，在室內「東北方」。
3. 擺放睡床之位置，離牆壁「位移10公分」為吉。

4. 依判斷，其「廁所」位置，很恰當。

5. 依八卦論斷，其「廁所」位置，會引發筋骨問題。

三、透天樓房之內在格局3F分析：

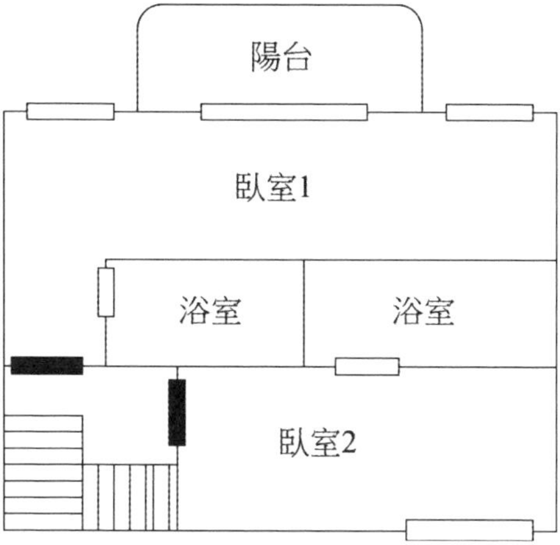

【座落於工業區的透天樓房三樓平面圖－翔丰繪製】

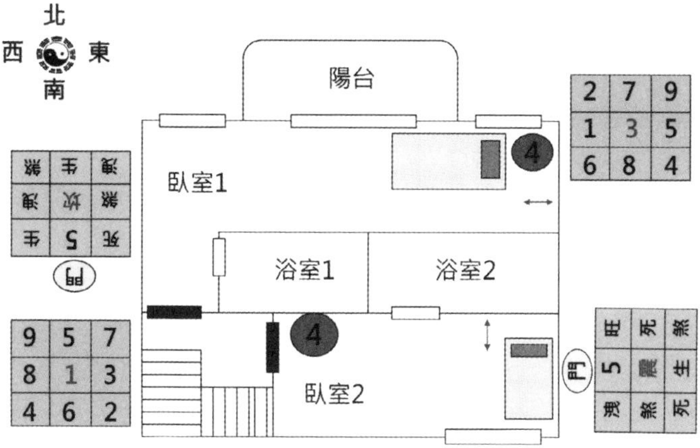

【透天樓房三樓平面圖，測量示意圖－離宅】

【透天樓房－3F－格局解說】

屋向：坐南向北之離宅透天樓房

1. 三樓之臥室1，文昌位在室內「東北方」。
2. 三樓之臥室2，文昌位在室內「西北方」。
3. 臥室1睡床之位置，離牆壁「位移10公分」為吉。

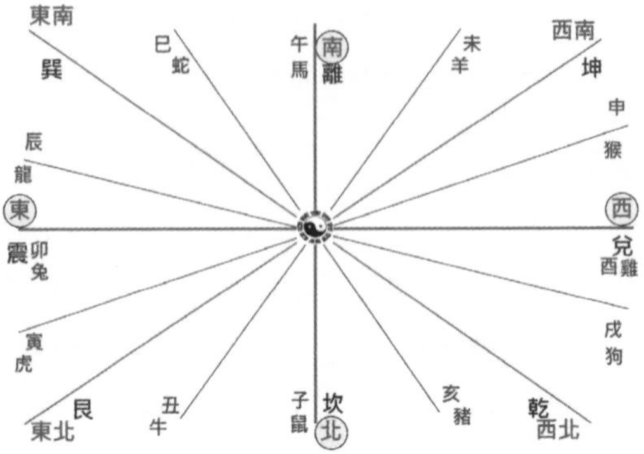

【佈局準備測量線】

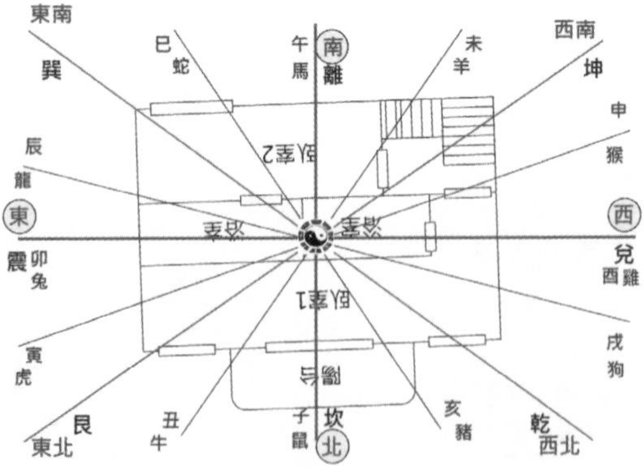

【三樓平面圖，套入測量線，南上北下】

4. 臥室2睡床之位置，離牆壁「位移10公分」為吉。

5. 依古書云：水火不留十字線之原則，其「浴室1」位置，建議封掉，暫停使用。

6. 其「浴室2」位置，在震方，注意肝與眼之保養。

Ⅳ 透天樓房之內在格局4F分析：

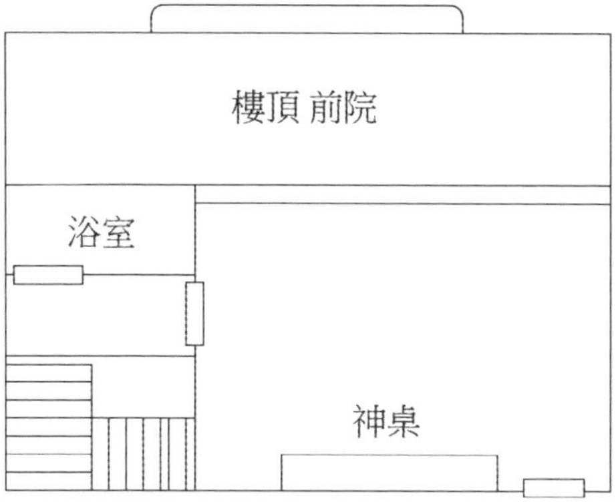

【座落於工業區的透天樓房四樓平面圖－翔丰繪製】

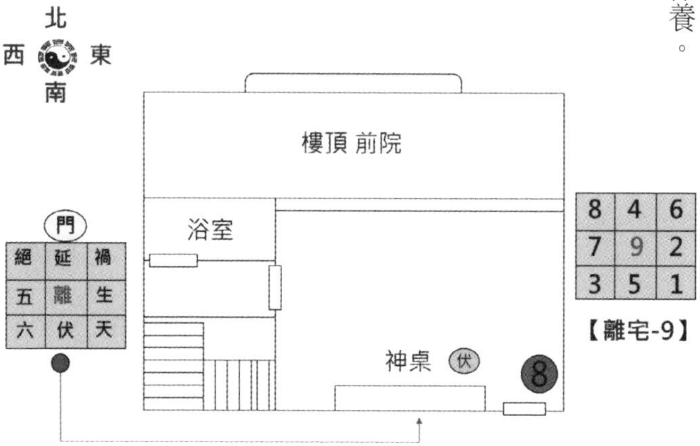

【透天樓房四樓平面圖，測量示意圖－離宅】

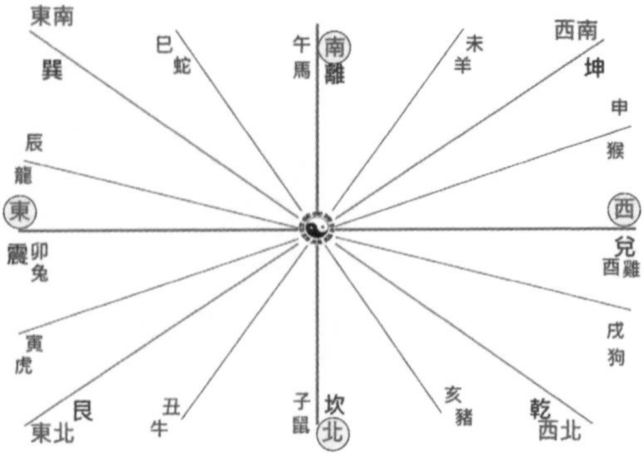

【佈局準備測量線】

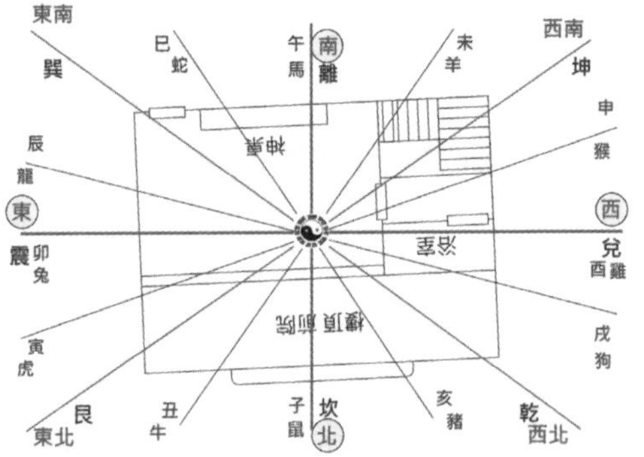

【四樓平面圖，套入測量線，南上北下】

【透天樓房－4F－格局解說】

屋向：坐南向北之離宅透天樓房

1. 四樓之小財位，在室內「東南方」。
2. 依判斷，其擺放神桌之位置，在「伏位」為吉。
3. 古書言：水火不留十字線，「廁所屬水、廚房屬火」均不能居屋的中央，否則主疾病、宅運反覆（建議該廁所，可以不使用為佳）。
4. 依八卦論斷，其「廁所」位置，會引發腦神經問題，請多注意。

V 透天樓房之入新居擇日：

1、依照奇門遁甲之吉時擇日方法，選擇六個吉祥日。

2、擇日範圍：國曆12月。

3、入宅之吉祥日選擇：以下為2014年之12月為範例參考

國曆12／08（四）農曆11／08→當天沖煞生肖—猴

國曆12／10（六）農曆11／10→當天沖煞生肖—狗

國曆12／15（四）農曆11／15→當天沖煞生肖—兔

國曆12／23（五）農曆11／23→當天沖煞生肖—豬

國曆12／25（日）農曆11／25→當天沖煞生肖—牛

翔丰手札—036：新屋入宅之六項物品

1. 米：八分滿之於米桶。
2. 紅包：放於米桶上面。
3. 箕帚：新的，綁紅布。
4. 水：三分滿之於水桶。
5. 碗筷：新的成雙套數。
6. 瓦斯爐：入宅時點燃8～10分鐘。

※、大廈樓房之佈局分析三：

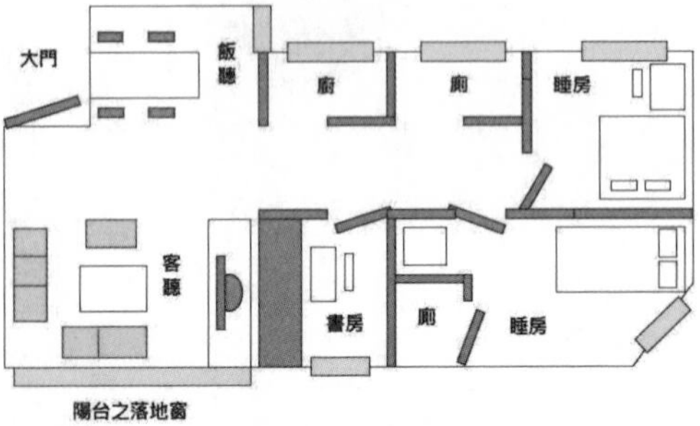

【座落於市郊區的大廈樓房八樓平面圖－翔丰繪製】

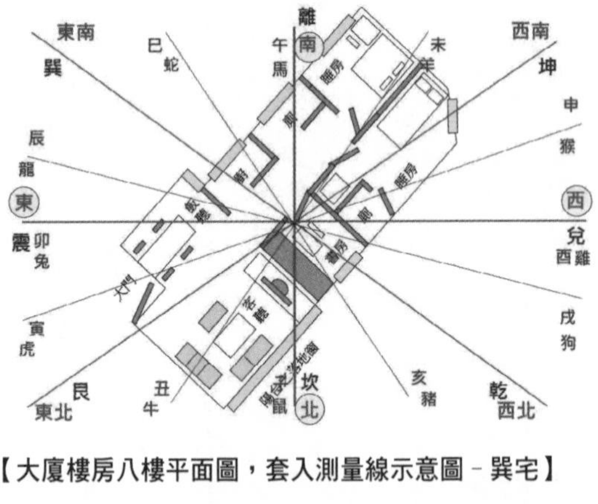

【大廈樓房八樓平面圖，套入測量線示意圖－巽宅】

【大廈樓房－8F－格局解說】

屋向：坐東南向西北之巽宅大廈樓房

1. 客廳之大財位在電視櫃旁「西北方」。

2. 於催財與催官之位置「書房」處，可擺「紫晶洞」。
3. 於正神方之位置，擺「較高之家具」或物品。
4. 依判斷，其「廁所」位置，正好處於十字線上。
5. 依判斷，其「廚房」位置，處於「巽位」東南方。
6. 依判斷，其「開門」位置，為缺角處，八煞方為寅，影響生肖為虎。
7. 依八卦論斷，其「廁所」位置，影響生肖為馬。
8. 依八卦論斷，其「廚房」位置，影響生肖為蛇。

翔丰手札－037：

水火不留十字線，絕對要避免廚房、廁所在房子的十字線位置，封閉或是改位置，才是明智之舉。

※、老舊平房之佈局分析四：

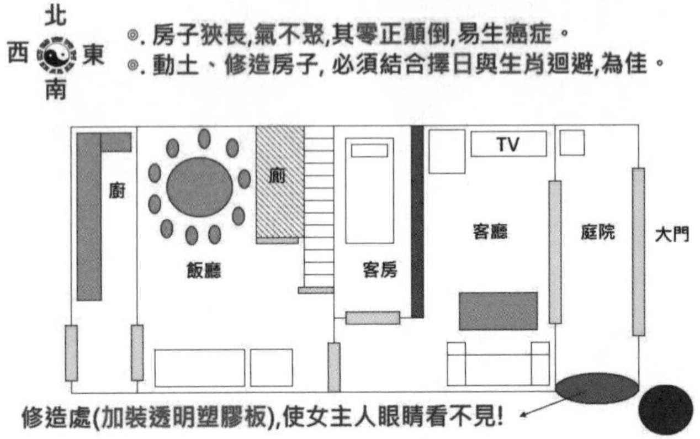
北
西
東
南
◎. 房子狹長,氣不聚,其零正顛倒,易生癌症。
◎. 動土、修造房子, 必須結合擇日與生肖迴避,為佳。
廚
廁
飯廳
客房
TV
客廳
庭院
大門
修造處(加裝透明塑膠板),使女主人眼睛看不見!

【座落於鄉下之老舊平房之平面圖－兌宅】

【老舊平房－格局解說】

屋向：坐西向東之兌宅平房

1. 客廳之大財位在電視櫃旁「西北方」。
2. 於催財與催官之位置「客廳」處，可擺「流水盤」。
3. 於正神方之位置，擺「較高之家具」或物品。
4. 依判斷，其「廁所」位置，不在十字線上。
5. 依判斷，其「廚房」位置，處於「兌位」西方。
6. 依判斷，其「開門」位置，為缺角處，八煞方為震，影響生肖為龍。

7. 依八卦論斷，其「廁所」位置，影響生肖為鼠。

8. 依八卦論斷，其「廚房」位置，影響生肖為狗。

【堪輿之綜合案例論斷】

一、分析：房子狹長，氣不聚，其零正顛倒，易生疾病。

二、建議：動土、修造房子，必須結合擇日與生肖迴避，為佳。

三、判斷：修造處（加裝透明塑膠板），使女主人眼睛視力模糊。

翔丰手札－038：

風水堪輿時，見房子狹長，首要觀察「氣聚否」，次要觀察「零正顛倒否」，修造房子一定要擇日。

※、氣口換向之佈局分析五：

一、居家大門一樓之氣口換向法：

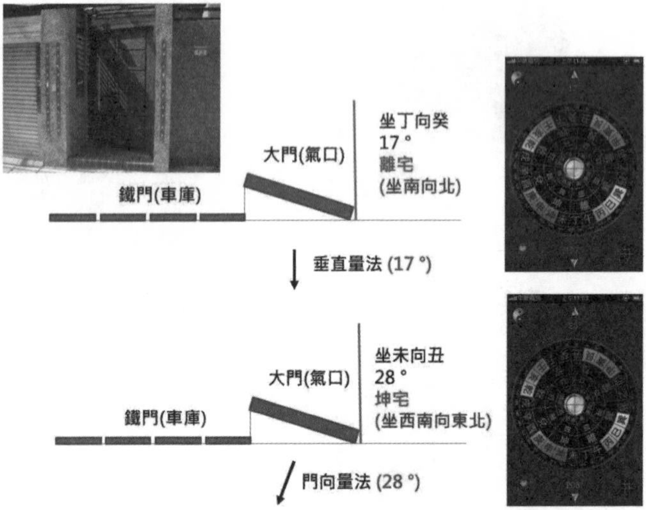

【居家大門一樓之氣口換向法－八煞判斷法】

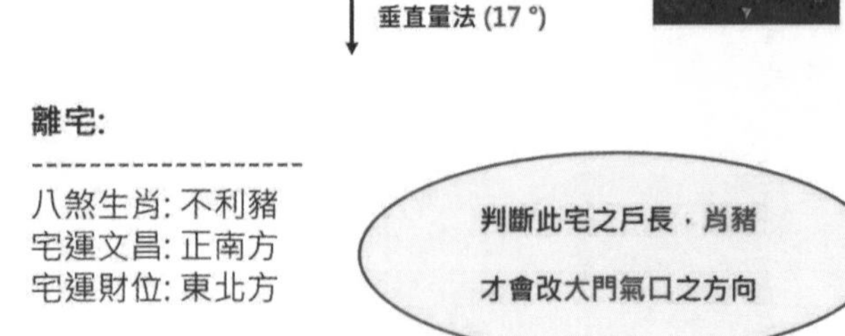

離宅:

八煞生肖: 不利豬
宅運文昌: 正南方
宅運財位: 東北方

判斷此宅之戶長，肖豬
才會改大門氣口之方向

【居家大門一樓之氣口換向法－生肖判斷法】

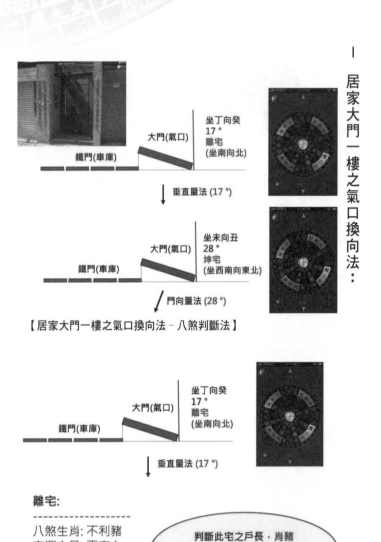

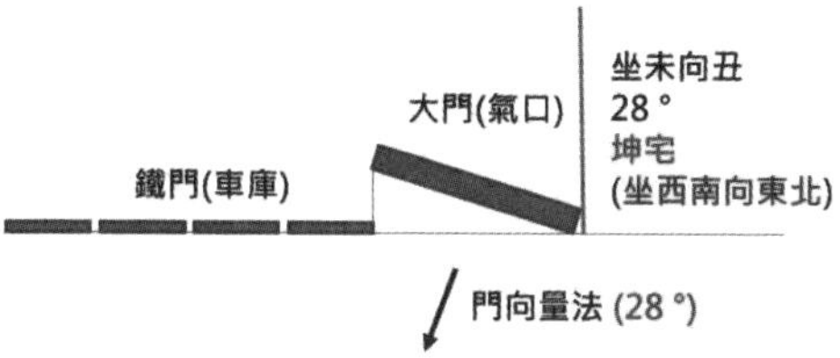

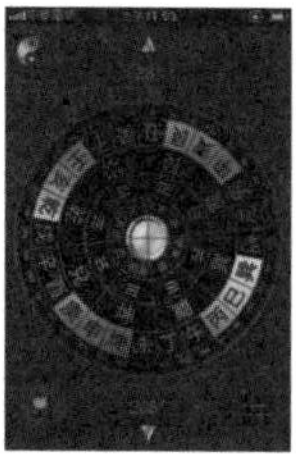

坤宅:

八煞生肖: 不利馬
宅運文昌: 正西方
宅運財位: 西南方

改大門氣口之方向,

由離宅改成坤宅!

宅運文昌位與財位,也會跟著改變!

【居家大門一樓之氣口換向法－宅運判斷法】

II 居家大門一樓之氣口換向法－八煞判斷表：

八宅	宅坐	方位	紫白	八煞生肖	宅運文昌位	宅運財位
震宅	甲卯乙	坐正東、向正西	3	申猴	西北	正北
巽宅	辰巽巳	坐東南、向西北	4	酉雞	中央	正南
坎宅	壬子癸	坐正北、向正南	1	辰龍	東北	正北
離宅	丙午丁	坐正南、向正北	9	亥豬	正南	東南
乾宅	戌乾亥	坐西北、向東南	6	午馬	正東	正西
坤宅	未坤申	坐西南、向東北	2	卯兔	正西	西南
兌宅	庚酉辛	坐正西、向正東	7	巳蛇	西南	西北
艮宅	丑艮寅	坐東北、向西南	8	寅虎	正北	中央

【大門之氣口換向法－八煞判斷表】

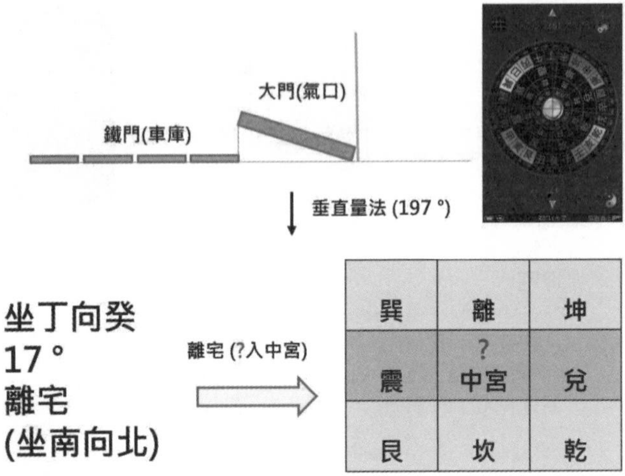

【居家大門一樓之氣口換向法－九星飛泊法】

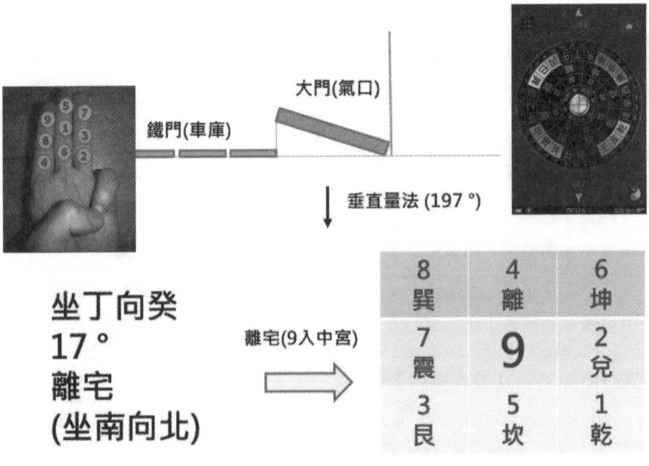

【居家大門一樓之氣口換向法－離宅爲 9 入中宮】

【氣口換向法－紫白飛星訣解說1】

屋向：坐南（丁）向北（癸）之離宅一樓房

1、屋宅為離宅，依照紫白飛星訣，則9星入中宮。

2、依紫白飛星訣，正財位（8）為巽方，可擺「聚寶盆」。

3、依紫白飛星訣，文昌位（4）為離方，可掛「竹林國畫」。

4、依紫白飛星訣，官祿位（9）為中宮，可擺「如意法帽」。

5、依紫白飛星訣，文曲位（6）為坤方，可掛「獎狀獎牌」

【氣口換向法－紫白飛星訣－練習】

巽	離	坤
震	?	兌
艮	坎	乾

※、練習一：何宅?

※、練習二：何飛星入中宮?

※、練習三：找財位?

※、練習四：找文昌位?

※、練習五：找官位?

※、練習六：找文曲位?

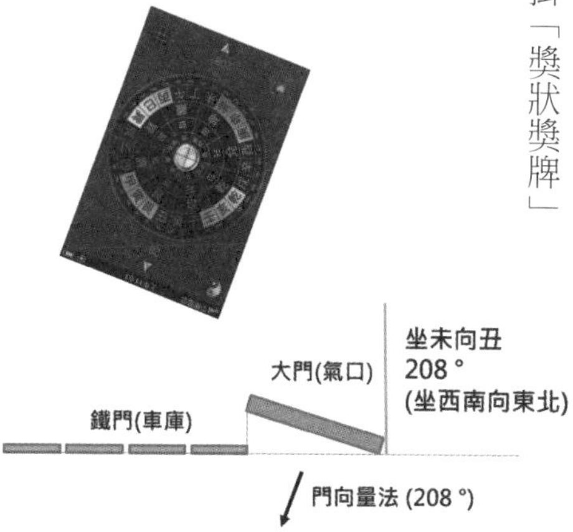

【居家大門一樓之氣口換向法－六個練習】

【氣口換向法－紫白飛星訣解說2】

屋向：坐西南（未）向東北（丑）之坤宅一樓房

1、屋宅為坤宅，依照紫白飛星訣，則2星入中宮。

2、依紫白飛星訣，正財位（8）為坤方，亦可擺「紫晶洞」。

3、依紫白飛星訣，文昌位（4）為兌方，亦可掛「四枝毛筆」。

4、依紫白飛星訣，官祿位（9）為震方，亦可擺「如意元寶」。

5、依紫白飛星訣，文曲位（6）為離方，亦可掛「獎狀證書」。

1 巽	6 離	8 坤
9 震	2	4 兌
5 艮	7 坎	3 乾

※、練習一：坤宅
※、練習二：2星入中宮
※、練習三：財位-坤
※、練習四：文昌位-兌
※、練習五：官位-震
※、練習六：文曲位-離

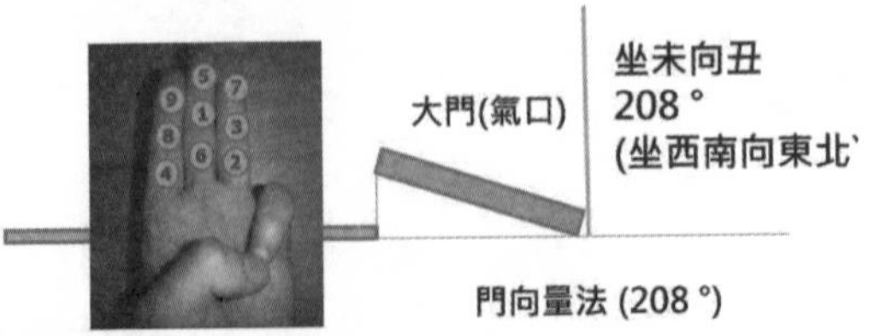

【居家大門一樓之氣口換向法－六個解答】

翔丰手札－039：

氣口換向法，可以應用於買屋及修造房子，搭配「八煞判斷表、紫白飛星訣」之表格，避開沖煞生肖，旺運其屋宅。

※、五行屋宅之佈局分析六：

木形屋

火形屋

土形屋

金形屋

水形屋

【五行屋宅之意象圖形】

木形格局

火形格局

土形格局

金形格局

水形格局

【五行屋宅之實際大樓外觀】

【五行屋宅－格局解說】

1、**木形屋**－長方形宅

巒頭九星：貪狼木。

五行宅形：長方形宅、曲尺形、十字形大樓。

2、**火形屋**－三角形宅

巒頭九星：廉貞火。

五行宅形：三角形宅、多邊三角形宅。

3、**土形屋**－正方形宅

巒頭九星：巨門土、祿存土。

五行宅形：正方形宅，如方印、回字形宅。

4、**金形屋**－正圓形宅

巒頭九星：武曲金、破軍金。

五行宅形：正圓形宅、半圓形宅、圓柱形大樓。

5、**水形屋**－彎曲形宅

巒頭九星：文曲水。
五行宅形：彎曲形宅、波浪形宅、S形大樓。

【屋宅之外觀－山形判定】

1、「**木形山**」：扁平形，山坡陡峭，主凶險之象。
2、「**火形山**」：山峰尖削，影響判斷與情緒。
3、「**土形山**」：山頂平緩，主貴人與長輩扶持。
4、「**金形山**」：圓形，主富貴榮耀、事業順利。
5、「**水形山**」：連綿如波浪，主頭腦聰明、謀略。

【屋宅之論宅勢－補充解說】

1、「**低窪宅**」：陽宅地勢忌太低窪，易成寡陽之宅。
2、「**孤峰宅**」：孤高的房屋又稱孤峰煞。
3、「**山腰宅**」：房屋建在半山腰或山腳下。
4、「**不平宅**」：左右龍虎不平均，白虎逼身出逆子、老婆媳婦

【屋宅之外觀山形判定－示意圖】

氣勢凌人。

5、「**開口宅**」：血光車禍、白虎昂首，忤逆不肖子、婆媳爭鬥。

6、「**虎強宅**」：主多是非與小人。

7、「**井字宅**」：住宅四方被道路所包圍，運氣反覆、財來財去。

8、「**懸崖宅**」：陽宅太接近懸崖，風水之極不利。

9、「**山坡宅**」：房屋或大廈於山坡斜下落至山腳，財運差、孤寡。

翔丰手札－040：

五行屋宅之佈局，可依屋主之五行命格，搭配「五行相生相旺」原則，選擇旺運自己的福氣屋宅。

二、辦公堪輿實例

※、科技公司之佈局分析一：

一、科技公司之辦公室－平面圖：

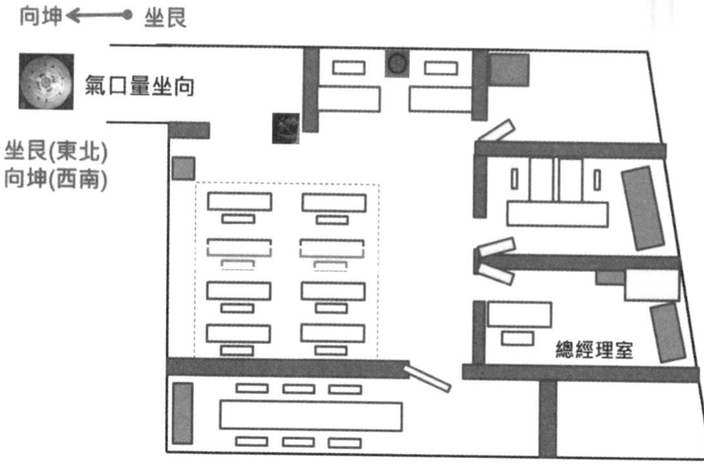

【科技公司之大樓辦公室平面圖－翔丰繪製】

三、科技公司之辦公室－格局分析：

【電梯口很遠，對公司影響不大】

【入門口通道有阻，紙箱堆積】

【進入大門口玄關處，鏡子過大】

【玄關處之流水盆擺放位置不對】

【櫃子緊靠牆擺放，傾斜不正】

【辦公室內有大壁刀牆】

【總經理室之洽談椅不可單一】

【走道受阻格局，紙箱堆積】

【時鐘懸掛位置，方位不對】

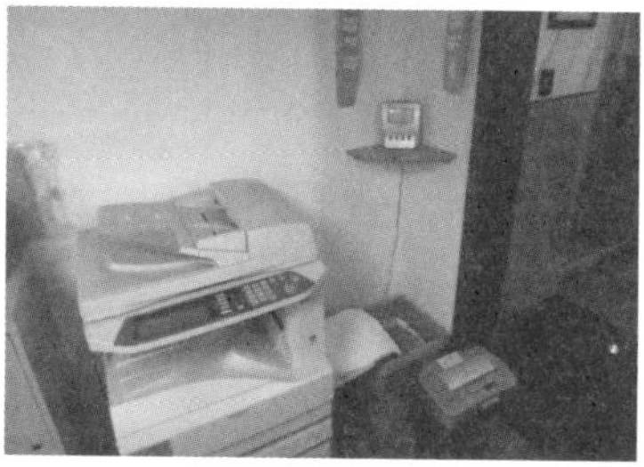

【公司財位方，不放影印機與垃圾桶】

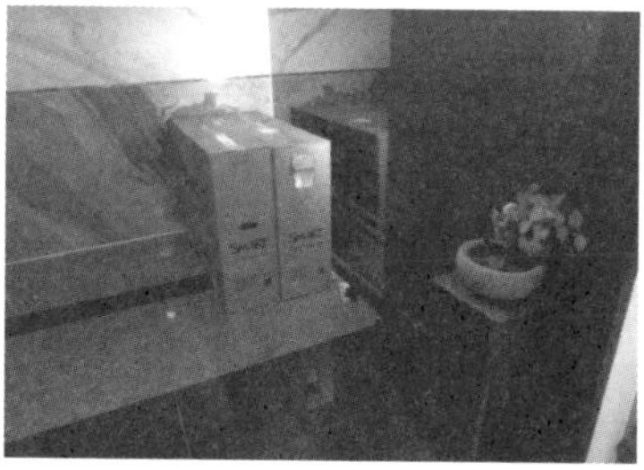

【流水盆之水流方向不對】

【辦公室內之座位上方不可壓樑】

III、科技公司之辦公室－佈局圖：

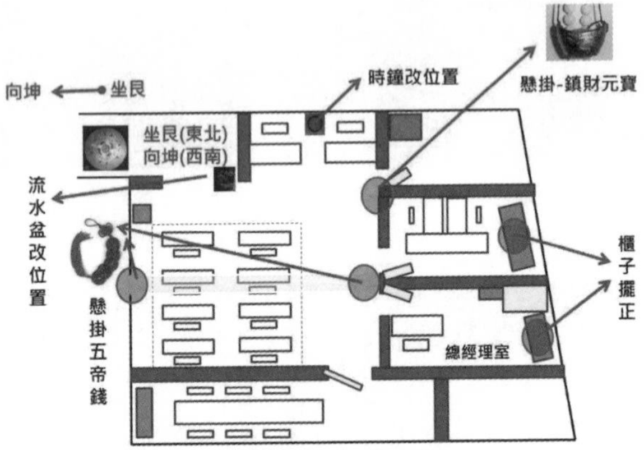

【科技公司之辦公室佈局圖 1- 翔丰繪製】

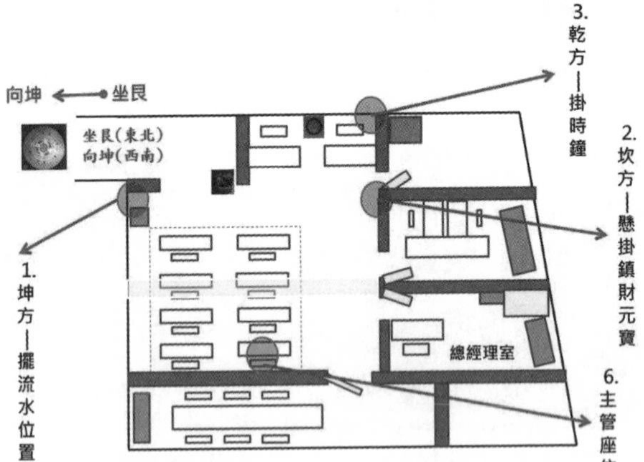

【科技公司之辦公室佈局圖 2- 翔丰繪製】

IV、科技公司之辦公室－佈局說明：

1、依三元八運【催照水位】，於坤方擺流水盆。

2、公司的時空財位在【北方】，於坎方掛鎮財元寶。

3、依建議【藏風聚氣】，於乾方改時鐘懸掛之位置。

4、依建議【行銷座位】，轉向並面向坤方之方位。

5、依建議【會計座位】兩位互換，背靠實牆而坐。

6、依建議【業務主管】換座位，移座位最後而坐。

7、建議【總經理室】放兩張洽談椅，主管之座位靠牆而坐。

8、依【化解要訣】同仁座位上方之壓樑處，兩端懸掛五帝錢。

9、風水師要進行佈局之擇日，可挑選六個好日子。6／17（沖牛）、6／18（沖虎）、6／20（沖龍）、6／24（沖猴）、6／26（沖狗）、6／27（沖豬）。

翔丰手札－041：

科技公司之佈局，可依二元八運之原則，佈局坤方之水局、佈局時鐘、懸掛鎮財元寶，運用五帝錢化解煞氣。

※、營銷公司之佈局分析二：

一、營銷公司之辦公室－平面圖：

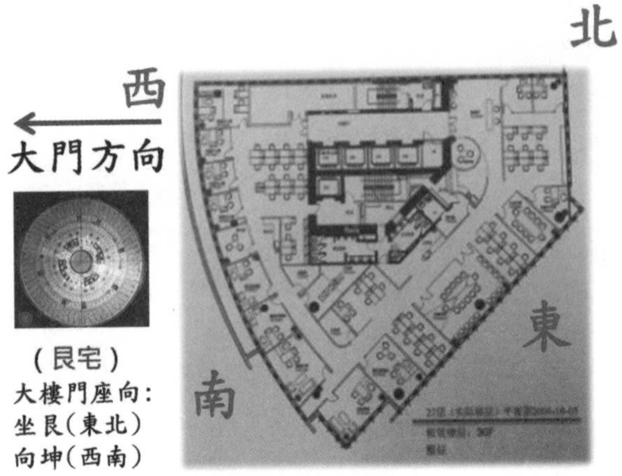

【營銷公司之大樓辦公室－坐向量測圖】

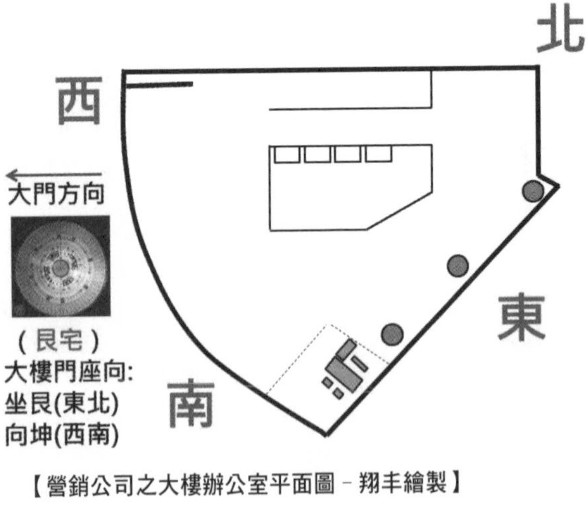

【營銷公司之大樓辦公室平面圖－翔丰繪製】

二、營銷公司之辦公室－佈局圖：

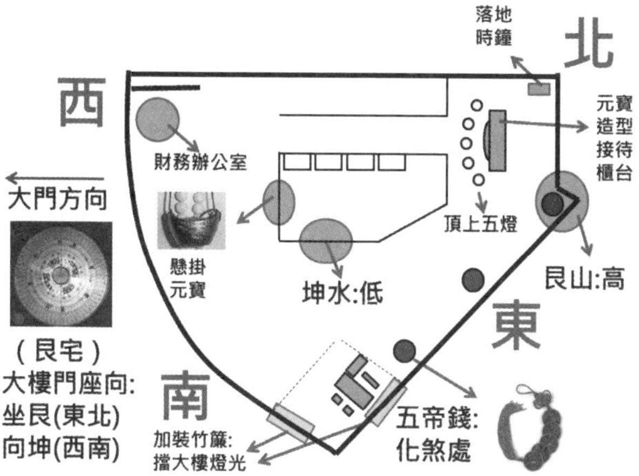

【營銷公司之大樓辦公室佈局圖－翔丰繪製】

三、營銷公司之辦公室－佈局說明：

1、依三元八運【催照水位】，於催財方可佈水局。

2、依隔年開業之時空財位【西南方】，於坤方加掛鎮財元寶。

3、依【聚氣要訣】，於接待櫃檯可擺落地時鐘。

4、建議【接待櫃檯】，入口處以元寶造型之呈現。

5、建議【五路招財】，於接待櫃檯前方，佈局五盞光明圓燈。

6、建議【財務座位】，離窗面一段距離之佈局。

7、建議【總經理室】，加裝活動竹簾或百葉窗之擋光。

8、化解【離方－火格形建築物】，懸掛開光五帝錢。

翔丰手札－042：

營銷公司之佈局，於入口設置元寶造型迎賓檯，再佈局五盞光明圓燈於上方，輔以落地式時鐘接氣，生意興隆是指日可待。

※、醫材公司之佈局分析三：

一、醫材公司之辦公住家合一室－平面圖：

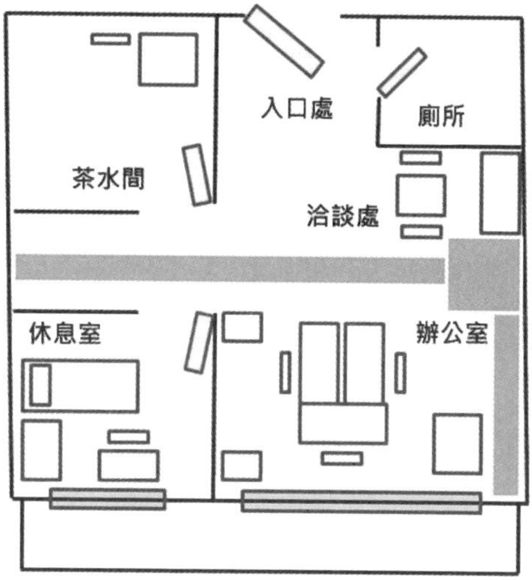

【醫材公司之大樓辦公室平面圖－翔丰繪製】

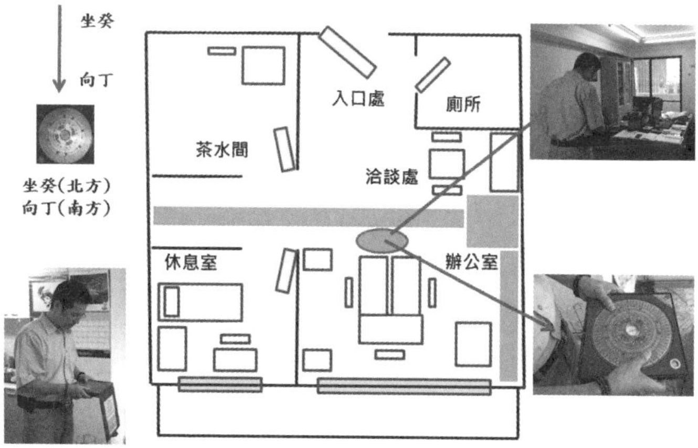

【醫材公司之大樓辦公室－坐向量測圖】

三、醫材公司之辦公住家合一室－格局分析：

公司於出電梯之左側:
右強左弱
(公司應選右邊為佳)

【公司應選右邊爲佳－右強左弱】

入公司後，落地窗於正前方位:
穿堂煞!
(可化解的)
老闆位置後為落地窗...
落空格局!
(需換位置)

【公司出現穿堂煞及落空格局】

【老闆座位後無靠】

【入門口形成大壁刀】

【樑柱下爲內壁刀】

【財位方不擺電器與雜物】

【衣櫃不宜太靠近床】

【座位上不宜有口形燈管】

【武器勿擺於睡覺房間】

【冰箱與鏡子不宜正對門口】

III、醫材公司之辦公住家合一室－佈局圖：

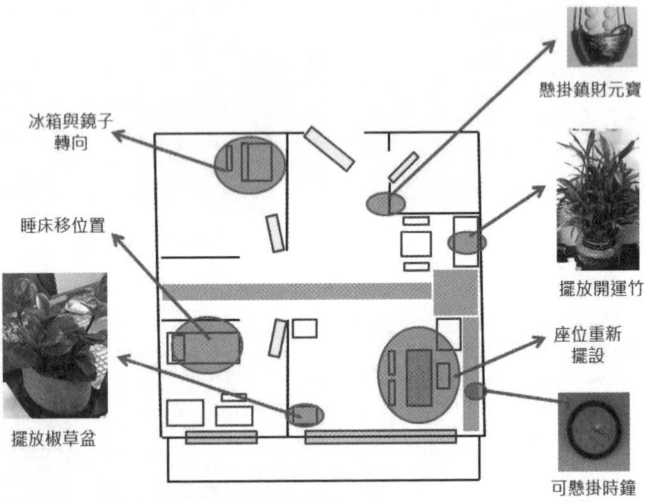

【醫材公司之大樓辦公室佈局圖－翔丰繪製】

IV、醫材公司之辦公住家合一室－佈局說明：

1、依時空財位在【北方】，於坎方掛元寶。

2、依【聚氣要訣】，於震方位置懸掛時鐘。

3、依【紫白飛星】，於茶水間位置改擺開運竹。

4、入門處【財位方】位置建議，改擺椒草盆。

5、建議老闆位置【重新轉向】，背靠實牆而坐。

6、建議【冰箱與鏡子】轉向換位，避開房門口。

7、建議【睡床與衣櫃】移位，避開上方直燈管。

V、醫材公司之辦公住家合一室－佈局調整：

【老闆之辦公座位重新轉向】

【座位重新轉向後，背靠實牆而坐】

翔丰手札－043：

醫材公司之佈局，以辦公住家合一的佈局，要注意穿堂煞、落空格局、燈管方向，看門主灶以外，再輔以紫白飛星訣之應用，相當重要。

※、地產公司之佈局分析四：

I、地產公司之商場基地－平面圖：

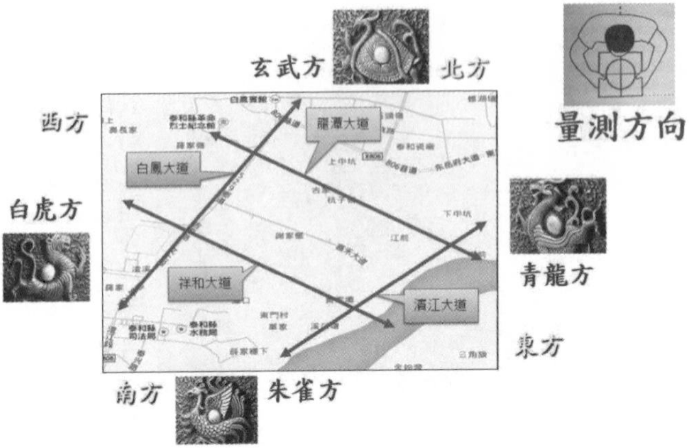

【地產公司之商場基地平面圖－測量方向】

II、地產公司之商場基地－格局分析：

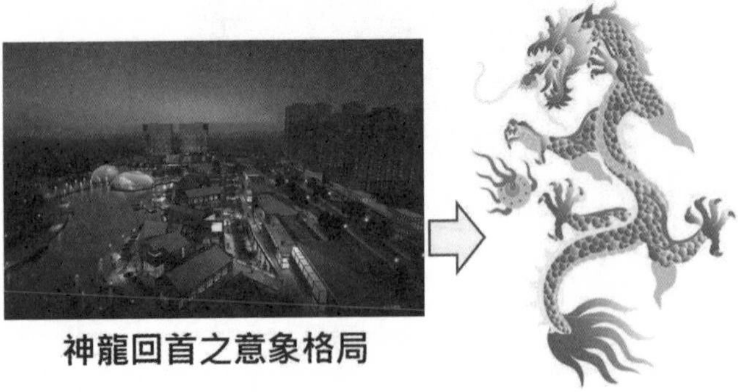

【地產公司之商場基地立體圖－格局分析 1】

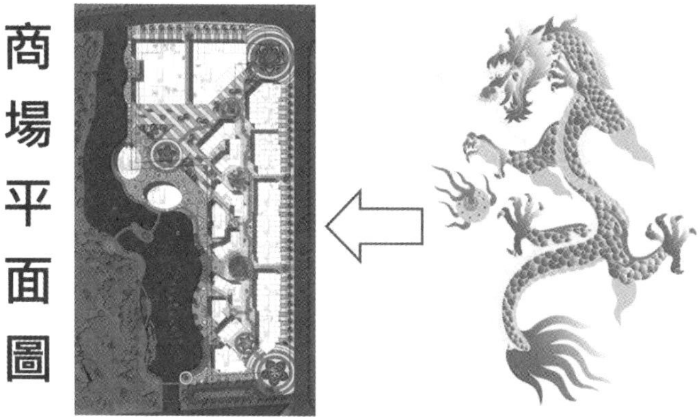

【地產公司之商場基地平面圖－格局分析 2】

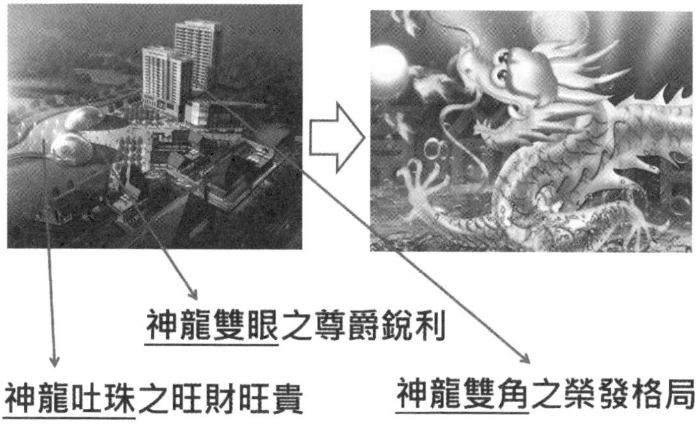

【地產公司之商場基地示意圖－格局分析 3】

三、地產公司之商場基地－選購六點思考：

1、看商場基地是否有「**後玄武－背有靠山**」。

2、看商場基地是否有「**左青龍－高起格局**」

3、看商場基地是否有「**右白虎－低伏格局**」。

4、看商場基地是否有「**前朱雀－明堂遠眺**」。

5、看商場基地是否有「**玉帶環腰、水路格局**」。

6、看商場基地是否有「**車水馬龍、聚氣藏風**」。

翔丰手札－044：

地產公司之佈局，以「四祥獸真訣、玉帶環腰、車水馬龍」，是選購商場店面之重點，藏風聚氣肯定是必備的。

※、軟體公司之佈局分析五：

一、軟體公司之辦公室－平面圖：

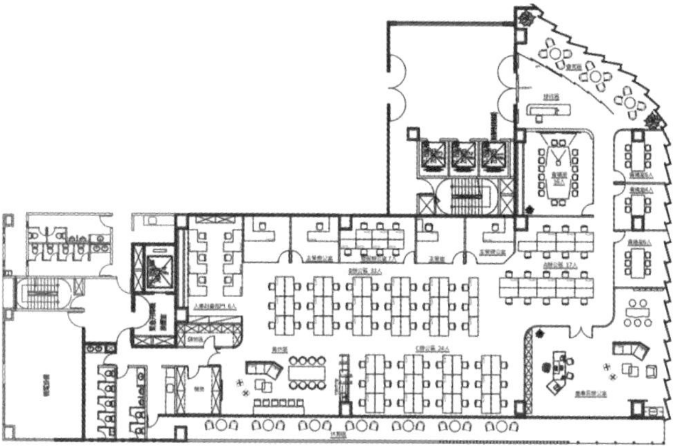

【軟體公司之辦公室座位－施工設計圖】

【零正神催照佈局法】

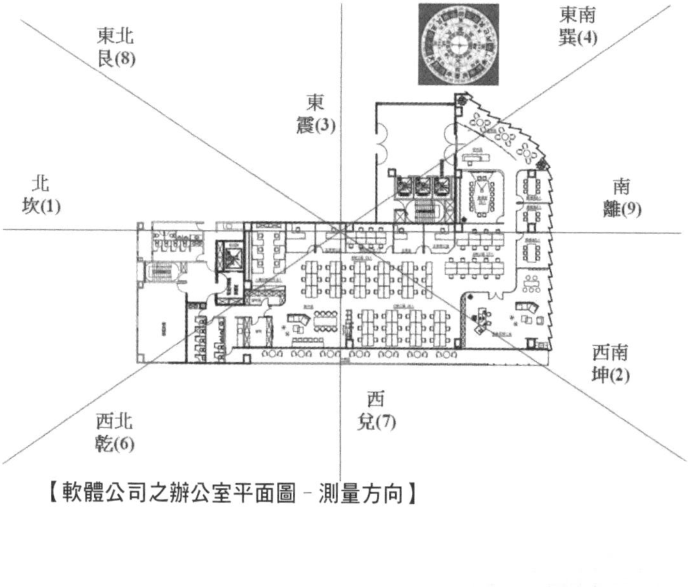

【軟體公司之辦公室平面圖－測量方向】

【八卦二十四山-佈局判斷法】

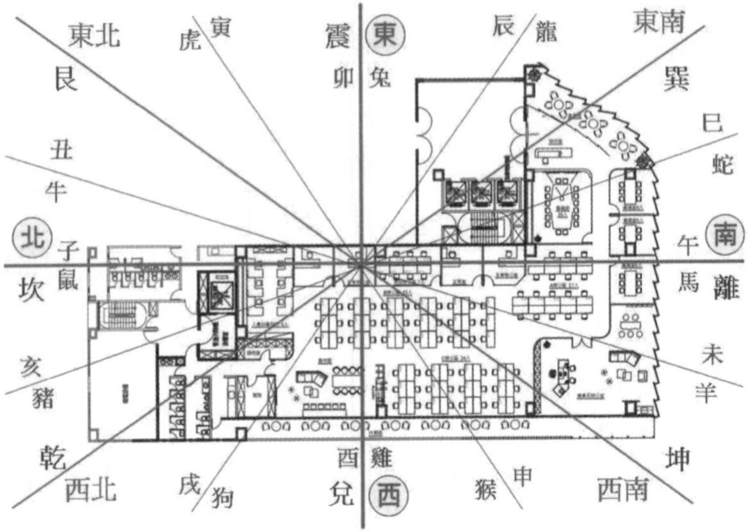

【軟體公司之辦公室平面圖－方位判斷法】

【零正神催照佈局法】

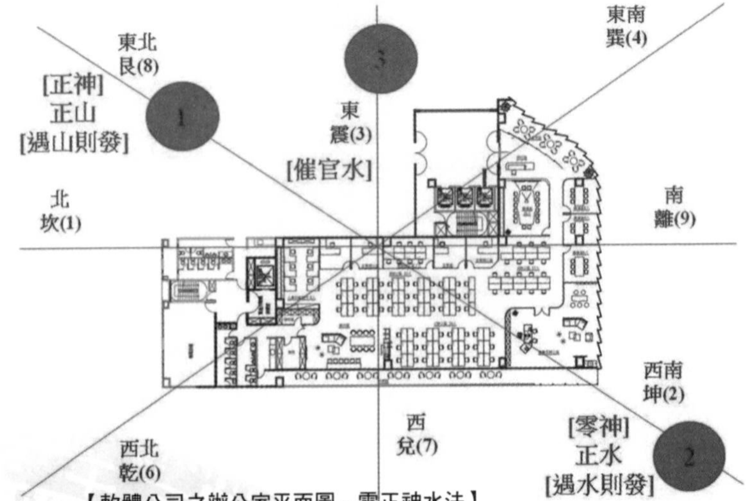

【軟體公司之辦公室平面圖－零正神水法】

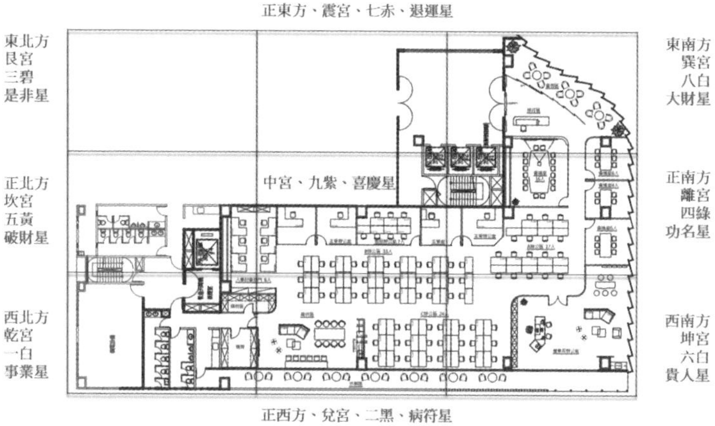

【軟體公司之辦公室平面圖－紫白飛星法】

三、軟體公司之辦公室－佈局說明：

1、依【測量的方向】，得知坐西向東，為兌宅辦公室。

2、依【方位判斷法】，於東方、東北方皆為缺角格局。

3、依【零正神水法】，於西南方為坤水處，正好是總經理室。

4、依【紫白飛星法】，位置中宮的牆壁上，懸掛鎮財元寶。

5、建議總經理辦公室前【燈管更換】，有萬箭穿心之煞氣。

6、建議【兔、虎、牛】三個生肖主管，避開缺口之辦公座位。

7、建議【坤方之佈水局】，可擺流水盆或是開飲機泡茶。

【軟體公司之總經理辦公室門前－有萬箭穿心之煞氣，建議燈管更換】

翔丰手札－045：

軟體公司之佈局，必須以「八煞判斷表」看缺角之處，影響到哪些生肖的主管，宜避開方為上策。

※、仲介公司之佈局分析六：

一、仲介公司之辦公室－坐向量測圖：

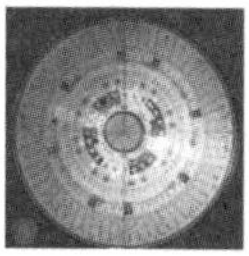

大樓座向:
坐乾(西北)
向巽(東南)

(乾宅)

【仲介公司之辦公室坐向量測圖－乾宅】

大門正對面:
樹叢煞
以五帝錢進行
化煞之處理!

【仲介公司之辦公室大門看出去，正對一棵大樹之檔財煞氣】

三、仲介公司之辦公室－格局分析：

【外格局有前庭寬闊，影響不大】

【內格局通道順暢，無穿堂煞問題】

【座位安排得宜，前方保留空間】

【會計位之位置，正對大門口要擋煞】

【辦公座位視野寬闊，空氣對流得宜】

【原木裝潢親和力強，光線充足】

【廁所沒有問題，對公司沒有影響】

【廚房沒有問題，橘色系表現出親和力】

【公司大門口處，掛開光五帝錢檔煞】

【此座位不宜坐同仁，形成內壁刀煞氣】

Ⅲ、仲介公司之辦公室－平面圖：

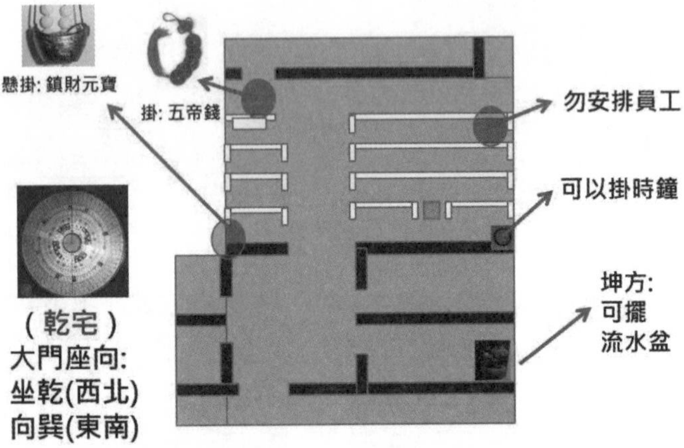

【仲介公司之辦公室坐向量測圖－乾宅】

Ⅳ、仲介公司之辦公室－佈局說明：

1、辦公司坐向，坐乾（西北）向巽（東南），判斷為【乾宅】。

2、大門正對面，有一棵大樹為【樹叢煞】，以五帝錢化煞。

3、依二元八運【催照水】，坤方【西南方】可擺流水盆。

4、公司的時空財位在【北方】，於坎方掛鎮財元寶。

5、依建議【藏風聚氣】，於聚氣方可懸掛時鐘。

6、依建議【店長座位】，面向坤方之拉地氣。

7、依建議【會計座位】，面向大門處可

擺放紫晶洞。

8、依建議【總經理室】，面向坤方之拉地氣增加旺運。

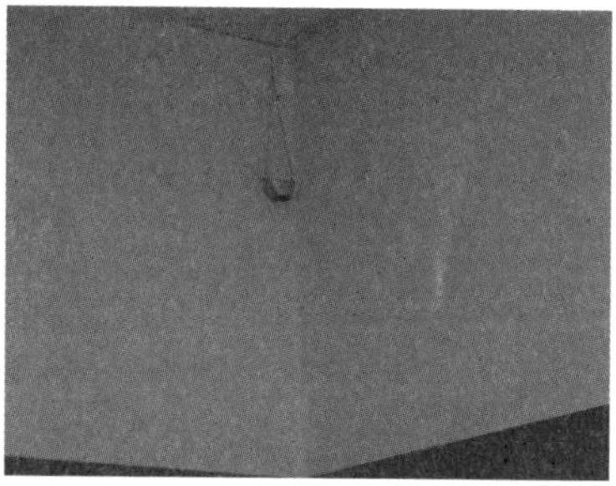

【公司的坎方懸掛鎮財元寶】

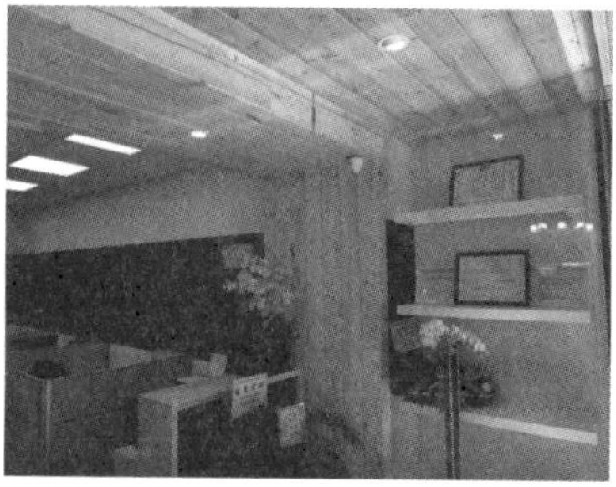

【會計的座位，擺放盆栽擋門口煞氣】

翔丰手札－046：

仲介公司之佈局，觀察門前氣口之外格局，任何有影響之煞氣，應化解與避開，善用開光的五帝錢。

三、開業堪輿實例

※、開業準備之祈福分析一：

一、地產公司之開幕動土之程序：

【程序一：地產公司之開幕動土－奠基方位測量】

【程序二：地產公司之開幕奠基調方位－面向坤方收納財水】

【程序三：地產公司之開幕奠基調動土－政商名流鏟土旺運】

翔手手札－047：

地產公司之奠基，必須要依照零正神水訣，將動土處之奠基石，面向坤方（八運－西南方）之收納財水。

二、顧問公司之開幕揭牌儀式之程序：

【程序一：開幕當天大門口正前方有大樹阻礙】

【程序二：將大樹綁上紅錦帶－擋煞祈福】

【程序三：開幕當天祭拜－水果、金紙、疏文、香之虔誠備妥】

【程序四：開幕當天祭拜－恭唸疏文、恭請五路財神祈福納財】

【程序五：尚未開幕之時辰－公司之招牌要用紅布蓋住】

【程序六：挑選好時辰－由股東及高層主管準備】

【程序七：進行揭牌儀式，達到圓滿旺運】

翔丰手札－048：

公司開幕揭牌儀式，必須注意「門前樹煞、紅布蓋牌、擇日旺運」，三個佈局都兼顧，開幕過程肯定圓滿

三、辦公室開業以煙供祈福之程序：

【程序一：虔誠稟報蓮花生大士做主】

【程序二：準備公司開業之煙供祈福】

【程序三：先淨化總經理的辦公座位】

【程序四：再淨化總經理之會客洽談室】

【程序五：淨化各個角落及硃砂印畫】

【程序六：淨化主管及員工之辦公桌椅】

【程序七：淨化會議室加強能量氣場】

【程序八:淨化入門處玄關綠樹之祈福】

【程序九:淨化大門入口接待檯之旺運】

【程序十:淨化主管或員工之氣場與祈福】

【程序十一：淨化後回稟蓮花生大士】

【程序十二：開業圓滿成功，旺運禮成】

Ⅳ、辦公室或住家動工與裝修之祭拜程序：

※、準備物品：

1. 四種水果
2. 清茶3杯
3. 鮮花1對

※、默念（由施工之負責人，合掌默念，不用拿香）：

弟子 ○○○ 恭請 ○○ 地區 ○○ 神明 及 地基主做主
今日是 ○○○○ 年 ○○ 月 ○○ 日 ○○ 時 弟子在此良日吉時虔備
鮮花果品茶撰 舉行動工裝修儀式
祈望各位神明神威大展保佑 ○○ 公司（住家）裝修工程順利 平安如意
大降吉祥 保佑動工順利

※、禮成

祭拜約30分後，施工之負責人，再度合掌感謝，完成動工儀式。

翔丰手札－049：

公司開業祈福，藏傳儀式是「煙供」、佛教儀式是「淨水」、道教儀式是「薰香」，三種祈福模式皆圓滿。

※、開業擇日之祈福分析二：

一、公司開工三部曲：

1、擇日：擇良辰吉日吉時開市，12／29、12／26、12／28擇一。

2、進門：吉時到，老闆或負責人，不可空手進門，需帶吉祥物品進公司門（如：金元寶糖果盒、聚寶盆…皆可）。

3、祭拜：在大樓之左側車道處，門外放置案桌、供品、疏文。

二、公司敬備以下六項供品：

1、水果：三種或五種均可。

2、清茶：一瓶與三小杯子。

3、四禮：鹽、海帶、薑、乾香菇。

○○軟體科技 開工儀式吉時

- **第一順位：**
  12/29 (五) 吉辰 9~11．13~15 ． 沖猴、財神：正東、福德日
- **第二順位：**
  12/26 (二) 吉辰 11~13．13~15 ． 沖蛇、財神：正西、月德合
- **第三順位：**
  12/28 (四) 吉辰 9~11．15~17 ． 沖羊、財神：正北、吉期
- **餘事勿取：**
  12/27 (三) 沖馬

【軟體科技公司之開工儀式之挑選時辰】

4、二圓：一堆小圓形糖果、海綿蛋糕，象徵「前圓後發」。

5、光明：一對蠟燭或一對酥油燈、一對鮮花。

6、香爐：一包環保香，負責人六炷、主管三炷、員工一炷。

ps：金紙可免，環保因素，可改捐吉祥數字給當地土地公。

三、公司祭拜疏文：

燃香拜請　伏以良時吉日　天地開張　立案焚香祈求

香煙上升　直達天庭福地　香煙裊裊　恭請眾神降臨

ps：負責人帶領全體員工同仁，向財神方持香，行一敬禮

信士：〇〇〇（負責人或老闆姓名）率同

〇〇軟體科技股份有限公司　全體員工同仁

地址：〇〇市〇〇區〇〇路〇〇號〇樓

虔誠恭請：

昊天金闕玉皇大天尊、三元三品三官大帝、八方五路財神、

中路財神趙元帥、招寶納珍仙官、招財利市使者、六丁神兵

六甲神將、值事功曹、歷代行業祖師、司命真君、在天眾神明

以及 本地駐廟 福德正神 各請速速前來 賜福、賜財、降福德。

ps：負責人帶領全體員工同仁，向財神方持香，行二敬禮

今逢歲次（○○年）○○○○年○○月○○日 良辰吉日 開市大

吉祥、恭迎八方五路財神降臨、開工光明、前途無量、賜福招財、

六神大利、開市營商、大發利市。

ps：負責人帶領全體員工同仁，向財神方持香，再行三敬禮

禮成！！！

Ⅳ、公司拜地基主、土地公：

※、公司開業當天下午5點之後再拜地基主，在公司後方茶水間，放置案桌祭拜，準備供品：雞腿便當（雞腿不能剁開）、清茶三杯、香爐：環保香（一位主管持三炷香代表即可）。

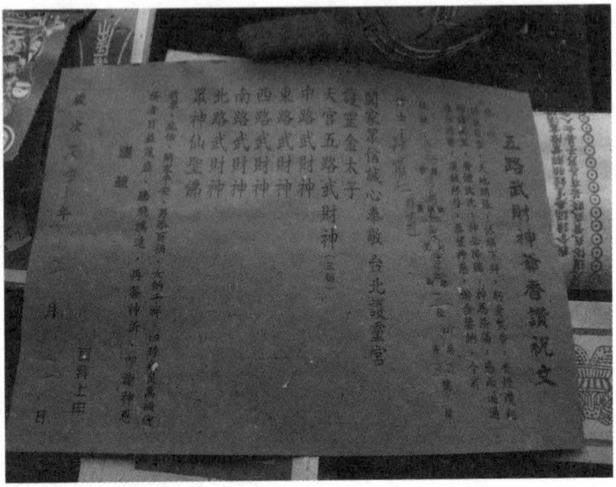

【疏文一：五路財神之香讚祝文】

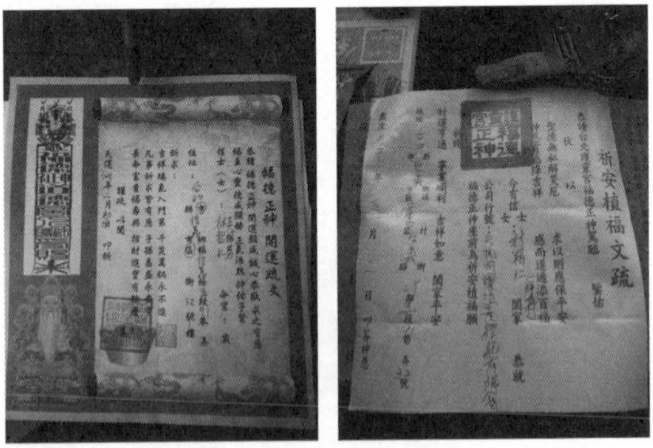

【疏文二：福德正神之兩種開運疏文】

※、開工的七日內，前往本地駐廟之福德正神，帶水果三種、糖果、捐款吉祥數字，祭拜當地管區土地公。

※、開工之後之後，大樓的初二及十六拜門口時，也可跟著拜（準備一些飲料、餅乾、糖果）即可。

【公司開幕開工儀式之祈福，不可少，簡單隆重即可】

翔丰手札－050：

公司開工程序，分「擇日、進門、祭拜」，準備六項供品及祭拜疏文，當天下午拜地基主，七天內再拜土地公。

第伍章

風水應·卦象哲學

第伍章

風水應　卦象哲學

風水的基礎是來自於「**先後天八卦**」，先是混沌後有了陰陽，接著太極的演化而生出四象八卦，由八卦的下上演化後，再出現八八之六十四卦象的意象圖騰，這六十四卦的延伸與相宅風水是息息相關的。

一、先後天八卦由來

先天八卦

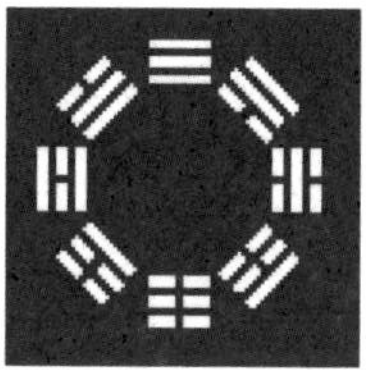

兌	乾	巽
離		坎
震	坤	艮

後天八卦

巽	離	坤
震		兌
艮	坎	乾

基本上，八卦圖有分兩種，第一種是名為「**先天八卦**」又稱伏羲八卦；第二種則名為「**後天八卦**」又稱文王八卦。其先天八卦傳聞是依據伏羲氏所歸納而來，應用於「**占卜用途**」；而後天八卦則是依據周文王演繹卦辭而來，應用於「**風水用途**」。

先天八卦之口訣順序為「**乾兌離震巽坎艮坤**」，分別以天、澤、火、雷、風、水、山、地，八種自然界的元素；而後天八卦之記憶順序為「**離坎震兌乾坤巽艮**」，分別是代表南、北、東、西、西南、西北、東南、東北，八個天地磁場的方位。

※、八卦圖騰之基本圖示：

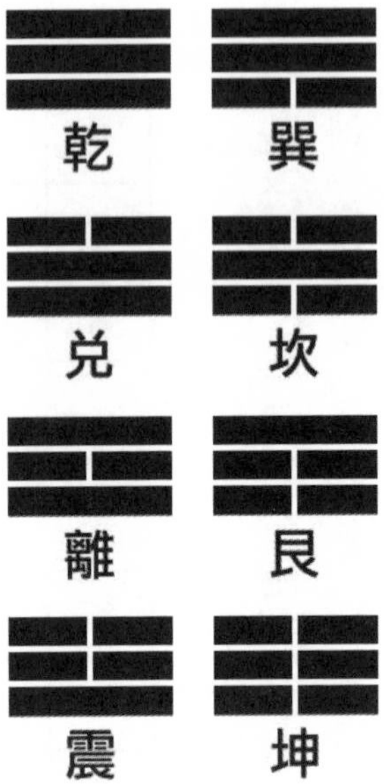

翔丰手札－051：

後天八卦之卦象順序、代表方位、代表數字、代表元素、代表五行、代表顏色，都必須銘記於心。

二、風水卦象之全文

第01～08卦名：

01 乾為天
02 澤天夬
03 火天大有
04 雷天大壯
05 風天小畜
06 水天需
07 山天大畜
08 地天泰

第09～16卦名：

09 天澤履
10 兌為澤
11 火澤睽
12 雷澤歸妹
13 風澤中孚
14 水澤節
15 山澤損
16 地澤臨

第17～24卦名：

17 天火同人
18 澤火革
19 離為火
20 雷火豐
21 風火家人
22 水火既濟
23 山火賁
24 地火明夷

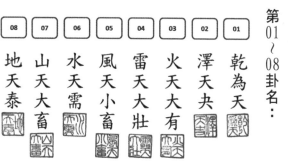

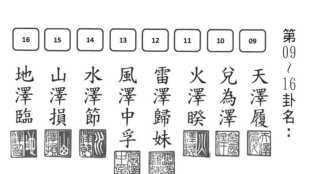

第25～32卦名：

25 天雷無妄

26 澤雷隨

27 火雷噬嗑

28 震為雷

29 風雷益

30 水雷屯

31 山雷頤

32 地雷復

第33～40卦名：

33 天風姤

34 澤風大過

35 火風鼎

36 雷風恆

37 巽為風

38 水風井

39 山風蠱

40 地風升

第41～48卦名：

41 天水訟

42 澤水困

43 火水未濟

44 雷水解

45 風水渙

46 坎為水

47 山水蒙

48 地水師

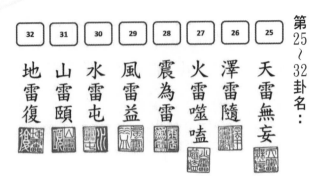

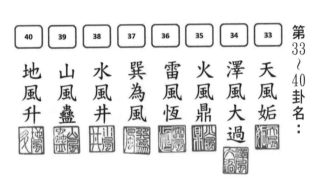

第49~56卦名：

49 天山遯
50 澤山咸
51 火山旅
52 雷山小過
53 風山漸
54 水山蹇
55 艮為山
56 地山謙

第57~64卦名：

57 天地否
58 澤地萃
59 火地晉
60 雷地豫
61 風地觀
62 水地比
63 山地剝
64 坤為地

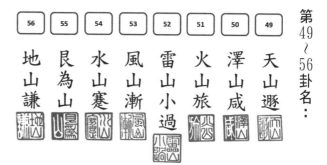

三、風水卦象組合表

	乾	兌	離	震	巽	坎	艮	坤
天	01 乾為天	02 澤天夬	03 火天大有	04 雷天大壯	05 風天小畜	06 水天需	07 山天大畜	08 地天泰
澤	09 天澤履	10 兌為澤	11 火澤睽	12 雷澤歸妹	13 風澤中孚	14 水澤節	15 山澤損	16 地澤臨
火	17 天火同人	18 澤火革	19 離為火	20 雷火豐	21 風火家人	22 水火既濟	23 山火賁	24 地火明夷
雷	25 天雷無妄	26 澤雷隨	27 火雷噬嗑	28 震為雷	29 風雷益	30 水雷屯	31 山雷頤	32 地雷復
風	33 天風姤	34 澤風大過	35 火風鼎	36 雷風恆	37 巽為風	38 水風井	39 山風蠱	40 地風升
水	41 天水訟	42 澤水困	43 火水未濟	44 雷水解	45 風水渙	46 坎為水	47 山水蒙	48 地水師
山	49 天山遯	50 澤山咸	51 火山旅	52 雷山小過	53 風山漸	54 水山蹇	55 艮為山	56 地山謙
地	57 天地否	58 澤地萃	59 火地晉	60 雷地豫	61 風地觀	62 水地比	63 山地剝	64 坤為地

221

四、風水卦象之解說

01 卦：乾為天

乾為天

↓是泛指以篤定的心，切斷是是非非，以無染純淨之身，發願重生。

【卦象】凜凜皇者之象，自強不息之意。

【占象】「天」行健，君子以自強不息。

※、象徵：天行剛健，自強不息。

※、運勢：飛龍在天，名利雙收之象，宜把握機會，爭取成果。

※、愛情：雙方逞強，宜多加溝通遷就。

※、疾病：病情惡化，宜細心調養，注意頭、腦、骨髓等病變。

※、失物：可望尋回。

※、訴訟：宜據理力爭。

「**乾**」：元、亨、利、貞。

※、八卦：天。

※、人物：老父、上司、長輩、王帝、領袖。

※、身體：頭、腦、骨髓。

※、方位：西北。

※、數字：一。

※、五行：金。

翔丰手札－052：

乾為天，是風水師的精神，君子以自強不息，掌握相宅要訣，仔細堪輿及化凶為吉。

02 卦：澤天夬

澤天夬

→是泛指沼澤本來在地面，現在移到天上去了，凝結成冰，一動也不動。

【卦象】蛟龍登天之象，虧中有益之意。

【占象】澤上於天「夬」，君子以施祿及下，居德則忌。

※、象徵：意指分離，驅逐出境之意。

※、運勢：目前雖吉，但困難及變動正在蘊釀中，宜提高警覺，忌驕傲。

※、愛情：決裂之象。但多為男方摒棄女方之象。

※、疾病：病情重宜速治，防頭部、呼吸系統、腫瘤等疾。

※、失物：相信失物已經損壞，不能尋回。

※、訴訟：不宜與人爭執，因勢孤力弱，宜尋求法律途徑解決。

「**夬**」：澤水積滿而泛濫成災，滔天之勢，有分離驅逐之意。

翔丰手札－053：

澤天夬，是蛟龍登天之象，君子以施祿及下，化解風水煞氣，逐步破解並循序漸進。

03 卦：火天大有

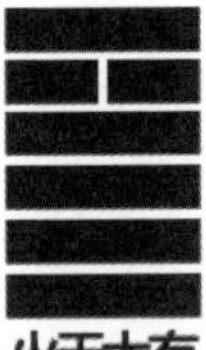

↓是泛指在陽光照耀下，行光合作用，大地由荒蕪到無限生機，循環流轉。

【卦象】日麗中天之象，好景不常之意。

【占象】火在天上「大有」，君子以揭惡揚善，順天修命。

※、象徵：二人同心，其利斷金，君子正心誠意，與人和同之象。

※、運勢：如意吉祥，與人共事，上下皆和，又得長輩提拔。

※、愛情：如魚得水，彼此互敬互諒，定成美眷。

※、疾病：病輕，不久可癒，注意心臟、頭肺等疾。

※、失物：遺失等物，可能被壓在底層，盡快找尋，則可取回。

※、訴訟：凡事以和為貴。

「**大有**」：無限生機，又會面臨銷毀，如此循環流轉，象徵繁衍的好時機。

翔丰手札－054：

火天大有，是日麗中天之象，君子以順天修命，凡事以和為貴，以五行生旺巧佈局。

04卦：雷天大壯

→是泛指巨雷劃破天際，響聲隆隆，不鳴則已，一鳴驚人。

雷天大壯

【卦象】猛處生角之象，聲威大壯之意。

【占象】雷在天上「大壯」，君子以非禮弗履。

※、象徵：雷聲響亮，光明天際，為正大光明之象，又為強烈地動之象，為六沖卦之一。

※、運勢：運勢雖強，但已屆極盛之時，宜心平氣和，否則反招失敗，須知物極必反。

※、愛情：只要保持仁和謙恭，則有成果，否則易招反悔。

※、疾病：生平少病者遇此卦則不利，注意急性呼吸道感染和腦疾等。

※、失物：不能取回。

※、訴訟：忌與人鬥氣，宜和解收場否則兩敗俱傷。

「**大壯**」：長期閉關準備出關，創一番轟轟烈烈的作為，如普賢菩薩行大願，文殊菩薩獅子吼一般。

翔丰手札－055：

雷天大壯，是猛處生角之象，君子以一鳴驚人，善運四象祥獸，左長右短前遠後靠。

05 卦：風天小畜

風天小畜

→是泛指風在天上吹，不會影響地面，可以自在安穩地過一陣子。

【卦象】密雲無雨之象，蓄養實力之意。

【占象】風行天上「小畜」，君子以懿文德。

※、象徵：蓄養之量有限，力不從心，故宜忍耐蓄養實力，靜待時機。

※、運勢：運勢反覆，有口舌之爭，但難於短期內解決，須忍耐，靜待時機。

※、愛情：意見分歧，或遭受長輩反對。

※、疾病：危，重病，注意肝膽，頭部病變。

※、失物：似乎遺失之物，有被蓋住或是夾住的地方。

※、訴訟：會因證據不足而敗訴。

「小畜」：應是趁風平浪靜時，積一筆大財富，且應多佈施。

翔丰手札－056：

風天小畜，是密雲無雨之象，君子以懿文德，乘風而行、界水則止，巧運坤水零神。

06 卦：水天需

水天需

→是泛指雲層高高的在天上，偏偏不下雨到地面，如同見到別人有難，卻偏偏不肯伸出援手。

【卦象】密雲不雨之象，待機而動之意。

【占象】雲上於天「需」，君子以飲食宴樂。

※、象徵：雲登天上而未雨，不能急進，等待時機之象。

※、運勢：智者必須待時而行，急進反見凶險。

※、愛情：感情發展初期不如意，必須耐心等待，方見有成。

※、疾病：病情拖延，須留心治療，為頭、胸、肺、泌尿系統等病。

※、失物：即時不能尋回，需經過一段時間將會出現。

※、訴訟：暫時未能了結，以和為貴。

「需」：為人應常轉法輪而利益眾生，要常佈施甘露於人間。

翔丰手札－057：

水天需，是密雲不雨之象，君子以待機而動，等待時機俱足，行飛佈紫白飛星真訣。

07 卦：山天大畜

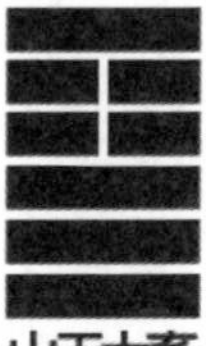

山天大畜

↓是泛指山到天上去了，離地面好遠，山可喻為修行人所處之地，遠離紅塵俗世，遠離是非。

【卦象】淺水行舟之象，積小成大之意。

【占象】天在山中「大畜」，君子以多識前言往行，以畜其德。

※、象徵：天之大而在山之中，以小阻大，以陰畜陽，為止為養。

※、運勢：處事不可好高騖遠，宜腳踏實地，可成大業，忌目空一切。

※、愛情：雖現時有小阻礙，但終可成功。

※、疾病：病雖重，但可治，防胸、肺、腹或手部之病，易積勞成疾。

※、失物：有機會尋回。似是在圓形有蓋盛存之物中。

※、訴訟：因房地產引起，有破財之象，但糾紛可解。

「**小畜**」：徹底的閉關，發起大勇猛的精進心，乃是蓄積個人財物，有智慧者，應知其選擇。

翔丰手札－058：

山天大畜，是淺水行舟之象，君子以積小成大，宜佈局圓形聚寶財局，聚氣聚能量。

08卦：地天泰

地天泰

→是泛指會有一個新局面的形成，若起一陣大風，將地上一切吹到天上，形成上下顛倒，容易成混亂。

【卦象】事事通泰之象，上下和睦之意。

【占象】天地交「泰」，君子以輔相天地之宜，以左右民。

※、象徵：天地陰陽之氣相交感，上下和睦，流通無阻。

※、運勢：諸事吉祥順利，凡事宜內求，不宜外求，防樂極生悲。

※、愛情：情投意合，良緣締結。

※、疾病：久病不利，注意腸、肺及頭部之症。

※、失物：不會出現。

※、訴訟：是非由小事化大，終可和解。

「泰」：讓長期居於下層之人有翻身之日，不會有恆久的天堂歲月，亦不會有永陷的地獄苦境。

翔丰手札－059：

地天泰，是事事通泰之象，君子以輔相天地，零正佈局的微調整，讓屋宅煥然一新。

09卦：天澤履

天澤履

→是泛指天在上處，澤在下處，履行天律，世上之形形色色的眾生，都脫離不了因果律的定義。

【卦象】如履虎尾之象，險中求勝之意。

【占象】上天下澤「履」，君子以辯上下，定民志。

※、象徵：蓄養之量有限，力不從心，故宜忍耐蓄養實力，靜待時機。

※、運勢：運勢反覆，有口舌之爭，但難於短期內解決，須忍耐，靜待時機。

※、愛情：意見分歧，或遭受長輩反對。

※、疾病：危，重病，注意肝膽、頭部病變。

※、失物：似乎遺失的是金器或現金支票等物，有被硬物夾住的地方。

※、訴訟：會因證據不足而敗訴。

「**履**」：作惡與行善的下場，多數都可以在現世看到果報。

翔丰手札－060：

天澤履，是如履虎尾之象，君子以險中求勝，龍怕臭、虎怕吵，電器安置應當妥善。

10 卦：兌爲澤

兌為澤

→是泛指心想事成之意，即使是好的、壞的念頭，在時機成熟時也會兌現的。

【卦象】天降雨澤之象，有譽有譏之意。

【占象】麗澤「兌」，君子以朋友講習。

※、象徵：兩澤相依，更得澤中映月，美景良辰，令人怡悅。

※、運勢：悲喜交集，有譽有譏，守正道，諸事尚可稱意。

※、愛情：可能因金錢而致口舌之爭，又或者因兩個女性而煩惱。

※、疾病：六沖卦久病則凶，注意生活檢點，戒酒色。

※、失物：遺失物有望失而復得，但是遲一點，且多數已損毀或損失。

※、訴訟：似為兩個女性及金錢之事惹起，宜有和事佬出面調解。

「**兌**」：播什麼種，時機成熟時便得什麼果，不妨多動善念，以免受惡報之苦。

※、八卦：澤。

※、人物：少女、收銀員、出納員、播音員、歌星。

※、身體：口、齒、舌。

※、方位：西。

※、數字：二。

※、五行：金。

翔丰手札－061：

兌為澤，是天降雨澤之象，君子以心想事成，相宅多動善念，多說好話能轉化磁場。

11卦：火澤睽

火澤睽

→是泛指火在水上燒，一冷一熱，形成相違背的現象，即是相違背之意。

【卦象】二女同居之象，陰陽失調之意。

【占象】上火下澤「睽」，君子以同而異。

※、象徵：離火向上，兌澤則向下，一上一下，兩相乖違，又二女同居，不得正之象。

※、運勢：氣運欠佳，諸事難成，有水火不容之象，宜處變不驚。

※、愛情：互相皆無意，不宜寄望。

※、疾病：輕症宜速就醫，重症則危，更防斷症錯誤，注意心臟，寒熱失調之症。

※、失物：不能找回。有失竊的可能。

※、訴訟：宜速求和解，遲則理屈辭窮。

「**睽**」：經常會遇到個性不合，造成水火不相容的氣氛，但這並非全然壞事，個性差異大，也許可能成為一個圓滿。

翔丰手札－062：

火澤睽，是陰陽失調之象，君子以處變不驚，屋宅動線、陽光、通風之現代化佈局。

12卦：雷澤歸妹

雷澤歸妹

→是泛指酷熱的太陽照著澤水，將澤水蒸發，在天上形成雲，繼而降雨到澤中，不斷循環。

【卦象】少女追男之象，錯失端正之意。

【占象】澤上有雷「歸妹」，君子以永終知敝。

※、象徵：震長男在上，兌少女在下，女必歸從，歸即是出嫁，但少女配長男，非正常

組合。

※、運勢：處事有違常理正道，先得其益，但隨後禍事百端。

※、愛情：有女追男之象，但多為悲劇收場，宜三思而行。

※、疾病：病危重，極易惡化，為中風、肝病、氣管及性病等。

※、失物：失物雖有被歸還的可能，但自身仍有損失。

※、訴訟：事牽連於女性，宜力求和解，但我方必有損失。

「**歸妹**」：人生也是如此，善惡皆會形成因果，壞的因是得壞的果，善的因是得善的果。

翔丰手札－063：

雷澤歸妹，是錯失端正之象，君子以三思而行，陽宅三要會參內外六事之堪與得宜。

13卦：風澤中孚

風澤中孚

→是泛指澤上吹起大風，風造成破壞，以致果樹損失，而掉下澤中的果實，正可讓魚蝦大塊朵頤。

【卦象】鶴鳴子和之象，以誠待人之意。

【占象】澤上有風「中孚」，君子以議獄緩死。

※、象徵：中孚為誠信意，風吹在澤水之上，澤水必相應而起波浪，為共鳴之象。

※、運勢：凡事以「誠」待人，以「信」處事則諸事皆吉，心存邪念則凶。

※、愛情：雙方能以誠相待，良緣可定。

※、疾病：金木交戰之象，士妥井啁理，注意胸、腹、脾、胃。

※、失物：可失而復得，但需要一段時間。

※、訴訟：為突發事件，宜把握第一時間處理，遲則反凶。

「**中孚**」：道出任何事都有正反兩面，快樂與痛苦都在有限空間互遞換。

翔丰手札－064：

風澤中孚，是鶴鳴子和之象，君子以誠待人，風吹在澤水之上，強化明暗財位運勢。

14卦：水澤節

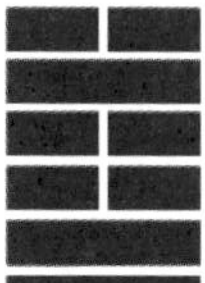

水澤節

↓是泛指下起大雨，河水暴漲，河水注入湖泊，可以調節水位，發揮制衡作用。

【卦象】蓄水成塘之象，勤檢克己之意。

【占象】澤上有水「節」，君子以制數度議德行。

※、象徵：澤為池沼，坎水在上，喻蓄積及約束水份不使流失，但水位過高，則成泛濫。

※、運勢：有志不能伸，諸事必須節制，不宜過分，更要戒酒色。

※、愛情：男女正常交往則吉利，相反則凶。

※、疾病：注意泌尿及消化系統病變，宜速就醫。

※、失物：不能尋回。

※、訴訟：局勢僵持不下，宜讓則訟可解。

「**節**」：紅塵亦是如此，不守法，自然有警察捉，以達到制衡。

翔丰手札－065：

水澤節，是蓄水成塘之象，君子以勤檢克己，調節水局之催發，二元八運應當熟記。

15卦：山澤損

山澤損

↓是泛指四面由湖泊縈繞的一座山，因為水的切割作用，山的岩石會一塊一塊崩塌，為損耗多屬倒楣之事。

【卦象】山高水深之象，以德報怨之意。

【占象】山下有澤「損」，君子以懲忿窒慾。

※、象徵：山高水深，各得其所，因損得益之象。

※、運勢：現況諸事不順，有破財之象，雖先損失，但後反而得益，因禍得福。

※、愛情：不利女性之卦。以誠信待人，可得成功，不宜斤斤計較。

※、疾病：現況病情雖重，積極治療可癒。身體較衰弱，注意腸胃、咽喉、貧血等疾病。

※、失物：不能尋回。

※、訴訟：有鬥爭之象，損失破財，和解反而獲益。

「**損**」：智者會轉這股負能量成為正能量，此一損一益，乃是一體兩面之象。

翔丰手札－066：

山澤損，是山高水深之象，君子以德報怨，左右砂手之環抱，前方運途搭後背靠山。

16卦：地澤臨

地澤臨

→是泛指乾旱一來，地上的許多生物都將無法生存，若澤水在地底下，就可形成地下水源，滋潤土地解除乾旱。

【卦象】少女從母之象，循序漸進之意。

【占象】澤上有地「臨」，君子以教思無窮，容保民無疆。

※、象徵：池澤之水灌溉地面萬物，相輔相成，生生不息。

※、運勢：諸事亨通，上下和合，前途有望，但不宜過於急進。

※、愛情：柔順者可得吉利，注意欲速則不達。

※、疾病：病情較輕，為腸胃、口腔之疾，並防泌尿生殖系統病變。

※、失物：不能立即發現，很久才能找回，可能被埋在地下，是會發聲或震動的物件。

※、訴訟：宜柔不宜剛，因本欲欺他人，反傷自己。

「**臨**」：代表有人暗中相助，有福氣的人，暗中會有一股支持動力在作用。

翔丰手札－067：

地澤臨，是循序漸進之象，君子以教思無窮，五行相輔相成，八卦九宮之生生不息。

17卦：天火同人

→是泛指天上有太陽，光芒普照著大地，這是很自然的現象。

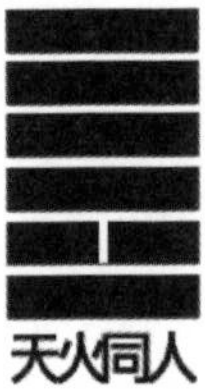

【卦象】二人同心之象，合作共事之意。

【占象】天與火「同人」，君子以類族辨物。

※、象徵：二人同心，其利斷金，君子正心誠意，與人和同之象。

※、運勢：如意吉祥，與人共事，上下皆和，又得長輩提拔。

※、愛情：如魚得水，彼此互敬互諒，定成美眷。

※、疾病：病輕，不久可癒，注意心臟、頭、肺等疾病。

※、失物：遺失之物，可能被壓在底層，盡快找尋則可取回。

※、訴訟：凡事以和為貴。

「**同人**」：引喻平等無私的心，如同諸佛菩薩以無分別之心而度眾生。

翔丰手札－068：

天火同人，是二人同心之象，君子以類族辨物，陰陽佈局、動靜互參、明暗善調配。

18卦：澤火革

澤火革

→是泛指沼澤下層，突然冒出了火焰，澤中無數的生命因此面臨浩劫。

【卦象】豹變為虎之象，改舊納新之意。

【占象】澤中有火「革」，君子以治曆明時。

※、象徵：兌為金，被離火所燒，變革之象。

※、運勢：凡事均在變動之中，宜去舊立新，以應革新之象。

※、愛情：代表往事如煙，重新再開始，或應改舊有態度。

※、疾病：病情多變，宜改換求醫方法，注意心臟、眼目和咽喉之疾病。

※、失物：因有棄舊迎新之意，故相信不能尋回。

※、訴訟：要改變舊有對策，才可圓滿解決。

「**革**」：當政制度不合理，百姓走上街頭抗議，若沒有大魄力不能做大改革，日後便會引發更大的革命火苗。

翔丰手札－069：

澤火革，是改舊納新之象，君子以去舊立新，新思維取代舊觀念，善用電子式羅盤。

19卦：離爲火

離為火

↓是泛指兩火疊在一起，這是宇宙最大、最正、最圓滿的。

【卦象】麗日當天之象，光明遠大之意。

【占象】火兩作「明」，君子以繼明，照於四方。

※、象徵：兩離火相重，上下通明之象，火有氣，但無形，主不實不定之意。

※、運勢：外觀極盛，烈日當空之象，凡事不宜急進及意氣用事。

※、愛情：不宜性急，會弄巧成拙，靜而誠者必有所成。

※、疾病：急病可解，久病則凶，宜耐心調養，為心臟、眼科、血疾。

※、失物：動作快，可尋回。

※、訴訟：只宜人侵己，不宜己侵人，主動者不利。

「**明**」：安於無私無我的念頭之中，是正念之火，發大願救渡眾生之火，巨大光明，普照天地。

※、八卦：火。

※、人物：中女、文人、軍人。

※、身體：眼睛、心臟。

※、方位：南。

※、數字：三。

※、五行：火。

翔丰手札－070：

離為火，是麗日當天之象，君子以光明遠大，風水形煞不宜大與土木，全憑善心念。

20卦：雷火豐

雷火豐

↓是泛指雷與火都能為大地帶來滋養，萬物欣欣向榮，就是豐足的象徵。

【卦象】光明普照之象，棄暗投明之意。

【占象】雷電皆至「豐」，君子以折獄致刑。

※、象徵：雷電交加，聲勢壯大，又離日動於天際，普照大地，皆為盛大之象。

※、運勢：運勢極強，為收穫之時，但不宜貪得無厭，須知足常樂，要防是非、損財甚至火險。

※、愛情：吉利有成，但不可得意忘形。

※、疾病：病況重，注意肝、足疾及血壓、心臟等疾病。

※、失物：盡快找尋，可失而復得。

※、訴訟：自己雖勢如破竹，勝券在握，但應留一線。

「**豐**」：只要是發願求個大圓滿，以無我的心量，利益一切眾生，諸佛菩薩都會令你滿願的。

翔丰手札－071：

雷火豐，是光明普照之象，君子以知足常樂，屋宅晦氣之處，宜佈局燈火明亮之光。

21卦：風火家人

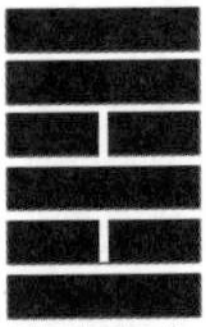

風火家人

→是泛指風帶來氧氣，助火燃燒，兩者就如一家人。

【卦象】入海求珠之象，開花結果之意。

【占象】風自火出「家人」，君子以言有物而行有恆。

※、象徵：風吹火之象，助火之威，喻家人同心協力，發展事業。

※、運勢：平安大吉，與人合作則易成，更有喜慶之象，如添丁、婚嫁等。

※、愛情：大吉之象，終成美眷。

※、疾病：注意心臟或膽疾，必須小心調理。

※、失物：會出現，隱藏在家，可能是被家人收起來了。

※、訴訟：雖產生大疑慮，若行事合理則無礙。

「**家人**」：家庭也是最基本的道場，宇宙一切不和諧的矛盾現象，皆是我們學習的道場。

翔丰手札－072：

風火家人，是入海求珠之象，君子以同心協力，添丁添財之位，當尋八白吉星之兆。

22卦：水火既濟

水火既濟

↓是泛指水的特質是往下流，火的特質是往上騰，而水在上，火在下，可以相濟為用。

【卦象】陰陽和諧之象，上下相通之意。

【占象】水在火上「既濟」，君子以思患而預防之。

※、象徵：坎水在離火之上，水性下注，火勢上炎，水火相濟，完成之意。

※、運勢：名利雙收，成功之象，防物極必反，初吉後凶。

※、愛情：初則出雙入對，形影不離，但日久反目離異。

※、疾病：短期雖有好轉，但好景不常。

※、失物：應可尋回。

※、訴訟：有理說不清，仍須把握最有利時機爭取主動，遲則反見凶。

「**既濟**」：水是智慧，火是慾望，智慧可以克制慾望、神性能夠駕馭獸性、理性可以引導感性、謙遜柔和可以中和剛強。

翔丰手札－073：

水火既濟，是陰陽和諧之象，君子以相濟為用，佈局名利雙收之運，當堪前陽台處。

23卦：山火賁

山火賁

→是泛指太陽在山下，指落日，甜美的時刻已接近尾聲了。

【卦象】爭妍鬥麗之象，粉飾裝扮之意。

【占象】山下有火「賁」，君子以明庶政，無敢折獄。

※、象徵：日落西山，照耀通明，華美燦爛，同時比喻光明力量漸消，陰暗的力量擴大。

※、運勢：表面風光內裡空虛，必須充實自己，凡事踏實，按部就班。

※、愛情：不宜單注重外表而忽略內涵，不可自視太高。

※、疾病：病情危重，為心臟、胸、腹等疾病。

※、失物：在家中遺失，將可尋回。不妨試試注意門腳的地方。

※、訴訟：宜速求解決，不可拖延，可得貴人調解。

「**賁**」：世上一切追求，終究逃不過「生老病死」與「成往壞空」定律，表示好景已不常了，有智慧的人，能內心精進，不貪享受。

翔丰手札－074：

山火賁，是爭妍鬥麗之象，君子以按部就班，當堪其穿堂煞之格局，以布簾擋其煞。

24卦：地火明夷

地火明夷

→是泛指大地在上，太陽在下，表示黑夜已來臨。

【卦象】鳳凰垂翼之象，棄明投暗之意。

【占象】明入地中「明夷」，君子以蒞眾，用誨而明。

※、象徵：太陽掩沒在坤地之下，大地黑暗，有失明之象。

※、運勢：百事阻滯，小人加害，遇事多迷惑，宜守，靜待時機而動。

※、愛情：對方不接受自己，難得成功。

※、疾病：凶象。為潛伏已久之疾，注意心臟、腹部之疾病或神經病。

※、失物：不能立即尋回。正當要遺忘這件事時，會意外地有所發現。

※、訴訟：敗象，宜和解了事，愈爭愈苦。

「**明夷**」：指消滅或夷平之意，其光明被消滅，人類互相爭鬥殘害，各種紛紛不斷，疾病多而難根治。

翔丰手札－075：

地火明夷，是鳳凰垂翼之象，君子以待機而動，前朱雀若見紅，化解以山海鎮為佳。

25卦：天雷無妄

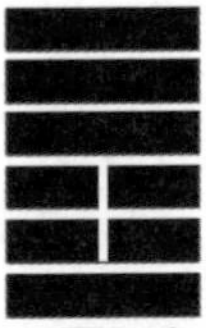

天雷無妄

→是泛指天在上，雷在下，上天以清淨行為來執行天律。

【卦象】石中蘊玉之象，守舊安樂之意。

【占象】天下雷行「無妄」，君子以茂對時，育萬物。

※、象徵：雷動於天，陽氣抒發，為真實無虛妄之意。

※、運勢：凡事宜守正，若行為不檢者，必招災禍。

※、愛情：有不和、不順遂或被傷害之凶象。

※、疾病：不宜意氣用事，應盡力療養為宜，屬呼吸系統、頭、足之疾病。

※、失物：找不到，似已遺失。

※、訴訟：因女人或死亡之事起紛爭，宜和解，否則招凶。

「**無妄**」：象徵執行惡業的果報，受雷劈死了或橫死，都是其宿命惡業所造之因。

翔丰手札－076：

天雷無妄，是石中蘊玉之象，君子以守舊安樂，兩門相對必傷，化解以五帝錢為宜。

26卦：澤雷隨

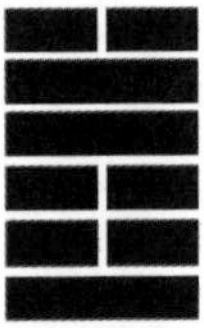

澤雷隨

↓是泛指水草豐美的沼澤，象徵著紅塵世界，各有各的地盤，新人很難出頭，除非是某個地盤崩塌了。

【卦象】乘馬逐鹿之象，隨遇而安之意。

【占象】澤中有雷「隨」，君子以嚮晦入宴息。

※、象徵：震木在兌澤之下，木必隨水漂蕩，隨者，順也。

※、運勢：有去舊迎新之吉象，宜與人合作，可獲厚利，忌三心二意，或獨斷獨行。

※、愛情：防用情不專，沉迷情慾。

※、疾病：病重、須長期治療，注意口腔、肝、足患等病症。

※、失物：即將疏忽之時，會突然察覺。

※、訴訟：宜決意和解，目前無憂，但不久須防有禍。

「**隨**」：就是突然發生的破壞力，所以要廣結善緣，別把往後的路封死。

翔丰手札－077：

澤雷隨，是乘馬逐鹿之象，君子以隨遇而安，主臥房不宜有角、大門廳堂不宜有扇。

27卦：火雷噬嗑

火雷噬嗑

→是泛指若在太陽下，突然巨雷響起，就如毫無預警的狀況下，發生大災禍。

【卦象】喉中有物之象，夫妻怨怒之意。

【占象】雷電「噬嗑」，君子以明罰教法。

※、象徵：上唇與下唇間有物，必須咬斷，方能合攏，乃諸事被阻，務必去除，方可成功。

※、運勢：諸事阻隔，紛爭難免，宜守常規，不為利誘，問題可解決。

※、愛情：有被人阻隔或橫刀奪愛之象，宜勇往直前。

※、疾病：病情嚴重，注意足部、心臟、神經系統病變。

※、失物：有被人捷足撿走的可能，尋回的機會不大。

※、訴訟：宜採取主動，據理力爭。

「**噬嗑**」：人在世上，再富有的人，也可能一夕破產，再健康的人，也可能突然橫死，應盡早反省，改過向善。

翔丰手札－078：

火雷噬嗑，是喉中有物之象，君子以明罰教法，屋宅十字線上，不宜有浴廁及廚房。

28卦：震爲雷

震為雷

→是泛指上雷下雷不斷打下來，不停的轟響，人生在世也是如此，總是曾經得到很多，又曾失去一切。

【卦象】雷驚百里之象，驚恐不屈之意。

【占象】存雷為「震」，君子以恐懼修省。

※、象徵：重雷發響，千里傳聲，有驚無險之象，亦有變動之意。

※、運勢：表面昌盛風光，內裡正處多事之秋，動盪不安之境。

※、愛情：是非，紛亂，虛而無實之象。

※、疾病：注意肝、神經系統、足疾，病情反覆。

※、失物：可能是受某些事驚嚇而遺失，令你驚惶失措，嘗試於會發聲的東西或電器處尋找。

※、訴訟：反覆難平，宜收斂脾氣，心平氣和。

「**震**」：要將念頭打掉，打到一念不生為止，連「無念」也打走，讓無比的願力跑出來，這是上天加諸於人的磨難，目的是希望人開悟。

※、八卦：雷。

※、人物：長男。

※、身體：腳、肝臟、頭髮、聲音。

※、方位：東。

※、數字：四。

※、五行：木。

翔丰手札－079：

震為雷，是雷驚百里之象，君子以恐懼修省，屋宅之廚房佈局，關係女主人健康運。

29卦：風雷益

風雷益

→是泛指大風吹來了，雷也跟著來了，大風吹萬物吹得東倒西歪，但雷一來，釋出氧氣，又讓大地帶來滋養、豐收。

【卦象】風雷交錯之象，損上益下之意。

【占象】風雷為「益」，君子以見善則遷，有過則改。

※、象徵：強風配快雷，聲威增長之象，長男配長女，夫婦合體，增益兒孫之象。

※、運勢：現正當吉運，可得貴人之助而成功，宜施惠於人，施比受更有福。

※、愛情：相親相愛，良緣天定。

※、疾病：可治癒，提防肝膽、腸胃之疾，或性病等。

※、失物：有望可尋回。

※、訴訟：有牢獄之災，或事因女人、房地產引起，宜和解。

「**益**」：這就是先損後益的現象，所以說福與禍，經常都是一體兩面的。

翔丰手札－080：

風雷益，是風雷交錯之象，君子以見善則遷，屋宅之玄關迴風，聚氣納財之好格局。

30卦：水雷屯

水雷屯

↓是泛指囤積福報要有技巧，勿不自量力拼命累積，要懂得佈施。

【卦象】春木更新之象，艱難險阻之意。

【占象】水雷為「屯」，君子以經綸。

※、象徵：屯者難也，萬事欲進而不得進。

※、運勢：身處困境，步步為營，有初難後解之意。

※、愛情：感情發展受阻，宜堅守信念，排除困難。

※、疾病：病在腸胃、足部或泌尿系統，不宜掉以輕心。

※、失物：難以尋回。

※、訴訟：小事黏滯糾纏，大事反無大害，宜和解。

「屯」：若福報大到頂不過去，殃及的層面不堪想像。

翔丰手札－081：

水雷屯，是春木更新之象，君子以步步為營，囤積福報要有方，聚寶盆需巧妙佈局。

31卦：山雷頤

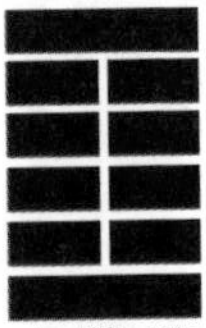

山雷頤

→是泛指山下開始打起雷來，釋出氦氣，使農田豐收。

【卦象】匣中藏劍之象，審慎交往之意。

【占象】山下有雷「頤」，君子以慎言誤，節飲食。

※、象徵：雷動於天，陽氣抒發，為真實無虛妄之意。

※、運勢：凡事宜守正，若行為不檢者，必招災禍。

※、愛情：有不和、不順遂或被傷害之凶象。

※、疾病：不宜意氣用事，應盡力療養為宜，屬呼吸系統、頭、足之疾病。

※、失物：找不到，似已遺失。

※、訴訟：因女人或死亡之事起紛爭，宜和解，否則招凶。

「**頤**」：受天地供養，非一般人可享受，遇到無常變動時，不埋怨，不逃避，能忍人之所不能忍。

翔丰手札－082：

山雷頤，是匣中藏劍之象，君子以審慎交往，屋宅水火不相鄰，瓦斯爐勿近水源處。

32卦：地雷復

地雷復

→是泛指代表顛覆、摧毀之意，也象徵除舊佈新之兆。

【卦象】萬物更新之象，重修破舊之意。

【占象】雷在地中「復」，君子以至日閉關，商旅不行，後不省方。

※、象徵：雷在地中振發，喻春回大地，一元復始，萬象更生。

※、運勢：開運亨通之象，萬事不宜急進，按部就班可成。

※、愛情：性急則事敗，緩可得成，有復合可能。

※、疾病：病防復發，但可治，為肝、腸胃、神經系統病變。

※、失物：有失而復得之可能。

※、訴訟：多人之事，但經多次擾攘才可解決。

「**復**」：正如有智慧的人，會瞭解「毀滅」便是重生的開始，方知世間所有無常循環，應以平常心去了悟。

翔丰手札－083：

地雷復，是萬物更新之象，君子以除舊佈新，入新居之六樣禮，開運納福不可馬虎。

33卦：天風姤

天風姤

↓是泛指空中吹起一陣風，帶來大量花粉，花粉與種子由甲地到乙地落地生根，並非偶然，而是有其因緣。

【卦象】風雲際會之象，聚散隨緣之意。

【占象】天下有風「姤」，君子以施命誥四方。

※、象徵：風無孔不入，所吹到之處，暴露其間之物體，無一不與之相遇，為邂逅之意。

※、運勢：陰長陽消，注意桃色糾紛，諸事阻滯，宜慎重行事。

※、愛情：雙方互不滿意，感情複雜，用情不專之象。

※、疾病：病情重，有惡化情況，注意泌尿生殖系統、胸肺科疾病。

※、失物：盡快尋找，可失而復得，失物似被重重物件壓在最底部。

※、訴訟：提防桃色糾紛，是非謠言播弄。

「**姤**」：某種特殊的吸引力，我欠缺的你有，你不足的我有，就像男女來電，有緣在一起成為一個圓滿。

翔丰手札－084：

天風姤，是風雲際會之象，君子以聚散隨緣，留心桃色糾紛煞，主臥房不掛美女圖。

34卦：澤風大過

澤風大過

↓是泛指平靜的沼澤，代表萬物群聚之處，最怕澤下地層，竄出無常之風，強風竄，席捲澤中生態。

【卦象】枯木生花之象，反省過失之意。

【占象】澤滅木「大過」，君子以獨立不懼，遯世無悶。

※、象徵：中間四陽爻，為結實之樑，但初末為陰爻，力弱不支，則勢將摧折。

※、運勢：有力不從心，負擔過重之象，多煩惱，防官非及水險。

※、愛情：雙方之眼光均太高或各已有心上人，凶象。

※、疾病：嚴重，須耐心治療，為肺、神經系統，女占得婦科經帶之疾病。

※、失物：無法發現，不能物歸原主。

※、訴訟：有文書之煩，即使求和也未能如願。

「**大過**」：天災人禍所產生的大過失，越是眾生密度高，死傷越慘重，因此智者常遠離紅塵修行。

翔丰手札－085：

澤風大過，是枯木生花之象，君子以反省過失，客廳明財位處，不可擺放枯木空瓶。

35卦：火風鼎

火風鼎

↓是泛指上有火，下有風，既穩定又旺發，如同爐鼎穩穩立著，下面有柴火在燒，人也幫忙吹風助燃。

【卦象】鼎器烹調之象，去故取新之意。

【占象】木上有火「鼎」，君子以正位凝命。

※、象徵：木之上有離火，為燃炊烹飪之象，鼎有去舊立新、改過遷善之意。

※、運勢：時運仍佳，事業可成，但諸事不宜遲滯，及防有訴訟之累。

※、愛情：未婚者則順利，已婚女性占得防婚外情影響家庭。

※、疾病：病情有變，但無大礙，為膽石、心臟、消化系統疾病。

※、失物：過一段時間後可尋回，唯已變形。

※、訴訟：由小事引起，宜和解了事。

「**鼎**」：就是革卦的延伸，一次改革就徹底完成，如大鼎搬穩立，改革若沒魄力與規劃，如同裂碗易破，易起戰禍。

翔丰手札－086：

火風鼎，是去故取新之象，君子以正位凝命，防有訴訟之累，避免鬥對門、口對口。

36卦：雷風恆

雷風恆

→是泛指雷和風是兩種屬性，完全不同的畫面，當兩者相伴而互相搭配，亦永恆追隨。

【卦象】相對並行之象，努力不懈之意。

【占象】雷風為「恆」，君子以立不易方。

※、象徵：震者為動，宜向外發展，巽為入為內向，一內一外，各居本位，故能永恆不變，

喻夫婦之道。

※、運勢：萬事亨通，能恆久努力，安守本份則吉，妄動則招災。

※、愛情：萬事亨通，恆久如意，終成美眷。

※、疾病：為慢性及須長期治療之疾病。注意肝之疾病。

※、失物：不能尋回。

※、訴訟：小人招禍，但宜速戰速決，不利拖延，宜和解。

「**恆**」：易經主講變易，只有一卦是不變的，就是「恆卦」。引喻男女也是一種不可思議的姻緣之力，合於正道、正念，也能發揮永恆的力量。

翔丰手札－087：

雷風恆，是相對並行之象，君子以努力不懈，避免小人招禍，留心窗外之小人探頭。

37卦：巽爲風

巽為風

↓是泛指不同的風重疊再一起，吹來吹去，忽聚忽散，人生一場也是緣起緣滅。

【卦象】颶風覆船之象，上行下效之意。

【占象】隨風「巽」，君子以申命以行。

※、象徵：此卦為兩重巽風重疊，巽為入，風之所到無孔不入，尤如政令頒佈，深入民心。

※、運勢：波折重重，運勢起落浮沉不定，要隨機應變，心平氣和，擇善固執。

※、愛情：有不穩定之象，宜做真誠溝通，不可一味奉承。

※、疾病：六沖卦者久病則凶，且病情變化多端。

※、失物：遺失在遠處，不能尋回。

※、訴訟：不易和解，但一方肯讓步則易解決。

「**巽**」：生死苦海，沒什麼好計較，凡事應隨緣自在，是你的跑不掉，不是你的也強求不來。

※、八卦：風。

※、人物：長女、秀士、寡婦、僧人。

※、身體：呼吸系統。

※、方位：東南。

※、數字：五。

※、五行：木。

翔丰手札－088：

巽為風，是上行下效之象，君子以申命行事，謹防精神耗弱，床上燈光勿正對沖射。

38卦：水風井

→是泛指乃逢凶化吉，就如地面上正處於戰亂，聰明人使得自己安置於井內別有洞天，避開危機。

水風井

【卦象】珠藏深淵之象，井井有條之意。

【占象】木上有水「井」，君子以勞民勸相。

※、象徵：水被植物吸收，滋養樹身，象徵入井取水，有節約重覆之意。

※、運勢：井為靜物，不能移動，故凡事不能進取主動，又缺乏衝勁，不如處之泰然更有利。

※、愛情：形勢不大理想，有分開再合之象，故往後可成。

※、疾病：病情較重且拖延，可能是復發。

※、失物：不能尋回。

※、訴訟：有刑罰之象，且受人牽連，及防房地產之訴訟。

「井」：工作告一段落，暫離俗世繁勞，在家中找一角落安靜休養，亦如強烈颱風之眼是最風平浪靜的。

翔丰手札－089：

水風井，是珠藏深淵之象，君子以逢凶化吉，留心屋外壁刀、牆角沖射、屋內壓樑。

39 卦：山風蠱

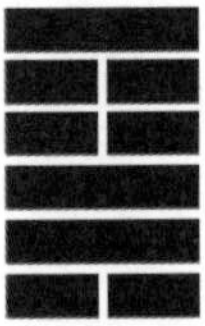

山風蠱

→是泛指以篤定的心，不被「風」蠱惑，才會擁有智慧的生活。

【卦象】物腐蟲生之象，不進則退之意。

【占象】山下有風「蠱」，君子以振民育德。

※、象徵：風入山下，閉而不出，即物腐生蠱，意氣不通，因循敗事。

※、運勢：諸事不如意，艱難迷惑，宜大膽革新，否則引來內憂外患。

※、愛情：苦惱多，受人誘惑，關係複雜，切忌到處留情，徒增煩惱。

※、疾病：宜把握治療時機，冬季占得險象，為內臟惡性疾病。

※、失物：找不回來，遺失似是木製工藝品，在門口或旅館遺失，或者是寄失了。

※、訴訟：慎防桃色糾紛，會拖一段時間，不易解決。

「**蠱**」：山是比喻修行人所處的地方與心境，有智慧的人始終不下山，因為山下吹著陣陣的歪風，蠱惑著人們的心，若意志不堅定，很容易被歪風所侵，失去原來的光明面。

翔丰手札－090：

山風蠱，是不進則退之象，君子以振民育德，佈局玄關流水盆、財位金錢樹是吉運。

40卦：地風升

地風升

↓是泛指一陣陣風吹起，將地吹到空中，表示在某種條件下，上天會給你上升的助力。

【卦象】積小成大之象，拼搏得益之意。

【占象】地中生木「升」，君子以順德，積小以高大。

※、象徵：樹木從地上不斷向上，有進升之勢。

※、運勢：名利雙收，發展開運之象，宜向南方發展。

※、愛情：可望成功，但不宜急進。

※、疾病：病情重，注意腹部、膽管之疾病。

※、失物：不易尋回，失物有被束之高閣的可能。

※、訴訟：宜持平和態度處理，可爭取主動，勝券在握。

「**升**」：人心如果能秉正義、慈悲、光明正大，宇宙中就會有一股力量助你滿願，當你守持正法，能常運勢提升。

翔丰手札－091：

地風升，是積小成大之象，君子以名利雙收，四綠文昌之氣、六白、九紫都是吉星。

41卦：天水訟

天水訟

→是泛指代表有紛爭或訴訟之事，每件事、每個人，所見的角度與價值觀皆不相同。

【卦象】背道而馳之象，無端起訟之意。

【占象】天與水違行「訟」，君子以做事謀始。

※、象徵：乾天升於上，坎水降於下，相背而行而起訟。

※、運勢：事與願違，凡事不順，小人加害，宜防陷阱。

※、愛情：反覆不定，是非頻頻，更防小人破壞。

※、疾病：病情嚴重，為腰、血液、泌尿系統、頭部疾患。

※、失物：不會出現。

※、訴訟：兩敗俱傷，宜找中間人調解，久爭無益。

「**訟**」：無法判定誰是誰非，最好能化干戈為玉帛。

翔丰手札－092：

天水訟，是背道而馳之象，君子以做事謀始，凡事不順之時，應當謹言自省發善心。

42卦：澤水困

澤水困

↓是泛指沼澤上游下起大雨，河水灌進澤中，久雨不停，澤中泛濫，砂丘一下子變成了四面迎水的島嶼。

【卦象】河中無水之象，守正待機之意。

【占象】澤無水「困」，君子以致命逐志。

※、象徵：水在澤下，萬物不生，喻君子困窮，小人濫盈之象。

※、運勢：諸事不如意，所謂龍困淺灘遭蝦戲。

※、愛情：多失敗收場，難成氣候。

※、疾病：危重之象，注意口腔咽喉、泌尿系統，甚至性病。

※、失物：不能尋回。

※、訴訟：凡事不宜過於執著，雖防牢獄之災。

「**困**」：不會飛與不會游的生物都被困住，跑也跑不開，人若行為不檢，也容易受天律困罰。

翔丰手札－093：

澤水困，是河中無水之象，君子以守正待機，龍困淺灘遭蝦戲，應多讀書等待時機。

43卦：火水未濟

↓是泛指火在上，水在下，兩者無法中和，如同船在海上著火，海水雖多，卻無法避免一場災難。

【卦象】陰陽失調之象，上下不通之意。

【占象】火在水上「未濟」，君子以慎辨物居。

※、象徵：水性下注，火勢向上，水火不交，陰陽不得正位，未能完成和未能成功之意。

※、運勢：運氣欠佳，必須耐心突破難關，終可成功，初凶後吉之象。

※、愛情：發展初期難以溝通，格格不入，但必須耐心，慢慢會得到對方接受。

※、疾病：病情不穩定，注意心腎不交、失眠、血液等疾病。

※、失物：不能尋回。

※、訴訟：宜拖延時間，日久可得貴人之助，和解了事。

「**未濟**」：人若慾望太多，蓋過智慧的心，就會進入黑暗無知的輪迴裡。

翔丰手札－094：

火水未濟，是陰陽失調之象，君子以慎辨物居，門前庭應留小燈，臥房內應點夜燈。

44卦：雷水解

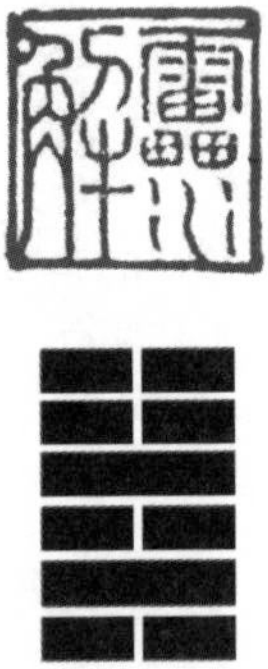

雷水解

↓是泛指久旱不雨，最期望的就是天降甘霖。

【卦象】草木舒展之象，遇困可解之意。

【占象】雷雨作「解」，君子以赦過有罪。

※、象徵：春雷大作，大地解凍，喻冬去春來生機再現。

※、運勢：宜把握良機，快速處理，身邊困境，更宜出外求謀，因貴人在遠方，以西南為吉方。

※、愛情：無須猶疑，把握良機，可成功。

※、疾病：久病可治癒，注意肝、腎、足疾。

※、失物：遺失之物似有被支解破壞的可能，故尋回的機會不大。

※、訴訟：一般糾紛皆可解決，宜當機立斷，不可拖延。

「**解**」：乃代表「時來運轉」，一切困厄都解開了。

翔丰手札－095：

雷水解，是草木舒展之象，君子以遇困可解，屋宅充滿異味時，薰香燈是很好良方。

45卦：風水渙

風水渙

↓是泛指風吹在水面上，使得原本柔弱的水，也產生了巨大破壞力。

【卦象】順風揚帆之象，隨波逐流之意。

【占象】風行水上「渙」，子以享於帝立廟。

※、象徵：風吹在水面上，流動四散，又有春風吹散嚴寒，令冰雪消解。

※、運勢：雖有憂患，但終可解困，百事亨通，忌任性散慢。

※、愛情：現時有障礙，但最終能圓滿。

※、疾病：幼年多體弱多病，及年逐長大而漸康復，注意血液、內分泌。

※、失物：不能尋回。

※、訴訟：凡事宜大事化小，小事化無，訴訟可解。

「**渙**」：即破裂、分離之意，思想不當，鼓吹邪說，誤人誤己。

翔丰手札－096：

風水渙，是順風揚帆之象，君子以百事亨通，屋內樓梯直下至門前，屏風巧妙化解。

46卦：坎爲水

坎為水

→是泛指水是一波波往前推，水也會一波波往回拉，即是什麼狀況都可能發生。

【卦象】重重險陷之象，向下內斂之意。

【占象】水存互習「坎」，君子以常德行，習教事。

※、象徵：兩水重疊，坎水為險，進固險，退亦險，進退兩難。

※、運勢：危機重重，宜沉著應付，保持心境開朗，凡事莫與人爭。

※、愛情：易沉溺於愛情中，但有險阻重重之象。

※、疾病：病重宜速治，否則難救，注意腎臟、膀胱生殖器疾病。

※、失物：找不回來。有失竊可能。或沉在水底。因坎水有困難之意。

※、訴訟：有盜賊之訟，或田土之爭，有理說不清，凶象。

「**坎**」：有時平靜無波，有時暗礁潛藏，有時波濤大浪，漩渦重重。水也代表智慧，生命力、財富……也代表種種都會經歷千變萬化，不可能永遠風平浪靜。

※、八卦：水。

※、人物：中男、漁民、江湖人物、盜賊。

※、身體：耳朵、血液、腎臟。

※、方位：北。

※、數字：六。

※、五行：水。

翔丰手札－097：

坎為水，是重重險陷之象，君子以向下內斂，屋前鐮刀水、屋後拱橋煞，擺石敢當。

47卦：山水蒙

山水蒙

→是泛指水氣行成霧，把原來一座山的面貌蒙住了，引喻人的腦袋不清，被蒙蔽或意識不堅。

【卦象】童蒙啟智之象，迷模摸索之意。

【占象】山下出泉「蒙」，君子以果行育德。

※、象徵：蒙者，昏而無所見也，故宜「啟蒙」。

※、運勢：初時迷惑不知方向，須忍耐待機而動，凡事多聽取別人意見，則運可通。

※、愛情：落花有意流水無情，主缺乏勇氣與決心。

※、疾病：病情不明，反覆難治。為腸胃、腹水之疾病及傳染病。

※、失物：遍尋不獲，似乎在大門下陷之處遺失，忘記帶走可試問人。

※、訴訟：因外人引起事端，目下未明，有理講不清。

「**蒙**」：事件的出現一定會有其因，但若是智者，會因而有所警惕，就如同山經過霧氣之後，而更見翠綠。

翔丰手札－098：

山水蒙，是童蒙啟智之象，君子以果行育德，靠山顯官運、時鐘造人氣，旺運是也。

48卦：地水師

地水師

↓是泛指水在地底下，暗地的滋潤大地，就如智慧之常伏在不知名處，暗中的潛移默化。

【卦象】地勢臨淵之象，以寡服眾之意。

【占象】地中有水「師」，君子以容民畜眾。

※、象徵：養兵聚眾，出師攻伐之象，彼此有傷，難得安寧。

※、運勢：困難重重，凡事以正規行事，忌獨斷獨行，投機取巧，提防潛在敵人。

※、愛情：陰盛陽衰，須提防色情之厄，似多角關係，求婚難成。

※、疾病：病況嚴重，提防心臟或腹腔腫瘤等。

※、失物：不會出現，即或尋回，也已損壞。

※、訴訟：宜進不宜退，內心雖憂，但得貴人之助。

「**師**」：任何對象都有可能是互為老師，切莫居於形式而太過著相，容易錯過良師益友。

翔丰手札－099：

地水師，是地勢臨淵之象，君子以容民畜眾，書房掛竹林圖、四枝毛筆，文昌旺運。

49卦：天山遯

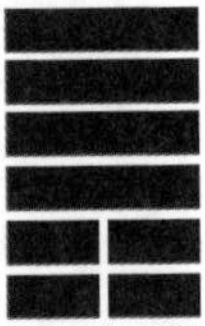

天山遯

↓是泛指山在很遠的天邊，離紅塵已很遙遠，表示修行的人在紅塵待不下去，離俗上山，遁世而逃。

【卦象】守舊去惡之象，掘井無泉之意。

【占象】天下有山「遯」，君子以遠小人，不忍而嚴。

※、象徵：遯者遁也。山在天之下，陰漸長，而陽漸消，宜退避三舍。

※、運勢：小人道長，君子道消，凡事宜退不宜進，窮則獨善其身，養晦修身。

※、愛情：落花雖有意，流水卻無情。

※、疾病：病重，注意血氣不調、頭、背、筋骨不良之疾病。

※、失物：失落遠處，不能尋回。

※、訴訟：強行爭取亦不利，宜罷手逃避反吉。

「**遯**」：表隱退之象，聖者豈可不度眾生，遁世而逃，即時不我予，勿為傳法強出頭，保留清淨法脈，等到時機，得宜再出現。

翔丰手札－100：

天山遯，是守舊去惡之象，君子以遠離小人，筋骨不良之改善，察其衣櫃牆角壁刀。

50卦：澤山咸

澤山咸

→是泛指水澤在山上，引喻許多眾生願意捨棄紅塵，一起到山上修行。

【卦象】山澤通氣之象，往來無阻之意。

【占象】山上有澤「咸」，君子以虛受人。

※、象徵：少男在少女之下，彼此感應，象徵新婚，兩性交感。

※、運勢：如意吉祥，但勿為不正當感情而意亂情迷。

※、愛情：正常戀情，則發展順利，但名不順者，當懸崖勒馬。

※、疾病：防泌尿系統病、腸胃病及性病等，須療養得法，否則不利。

※、失物：盡速找尋，可以取回，延誤時機，則找不回來。

※、訴訟：提防桃色糾紛，諸事宜和解，有貴人相助。

「**咸**」：代表兩法兼備之意，即出世法與入世法。過於苦修或享樂，皆不是中庸之道，其心性與習氣雖相反，卻能雙運互補。

翔丰手札－101：

澤山咸，是山澤通氣之象，君子以往來無阻，九紫時空財位，鎮財元寶開光懸掛之。

51卦：火山旅

火山旅

→是泛指山是象徵修行之地，連修行之處所也著火，表示山上的修行者也被紅塵腐化了。

【卦象】鳥焚其巢之象，樂極生悲之意。

【占象】山上有火「旅」，君子明慎用刑，而不留獄。

※、象徵：火燒山野，火頭遍佈，所到之處，無一倖免，火頭尤如行旅之人，無所定處。

※、運勢：諸事變動不定，此時只好堅守信心，多參考他人意見。

※、愛情：呈現不穩定現象，有孤身上路之嘆，宜檢討原因。

※、疾病：病情變化不定，宜速就醫。

※、失物：盡快去找，應可尋回，失物似在屋舍之外，可提供線索。

※、訴訟：宜速戰速決，時間一拖則不利。

「**旅**」：修行人有不當的思想和誘惑太多，一不小心就會障礙修行之路，所以要經常清明自省。

翔丰手札－102：

火山旅，是樂極生悲之象，君子以明慎用刑，財位方不擺電器、冷氣口處不擺財位。

52卦：雷山小過

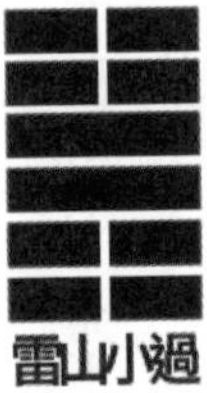

→是泛指山上突然打起雷來，釋放出氮，為大地帶來養份。

【卦象】飛鳥遺音之象，陽奉陰違之意。

【占象】山上有雷「小過」，君子以行過乎恭。

※、象徵：山上有雷，雷聲雖大但被山阻隔，雷聲減弱，即為「小過」。

※、運勢：諸事不利，宜行小事，不宜做大事，更防因小過失做成驚動，惹來是非爭訟。

※、愛情：相處有障礙，雖可成功但最終又不和。

※、疾病：病情有惡化之象，但及時診治則吉，防手足、腸胃之疾病。

※、失物：不能尋回。

※、訴訟：不宜各走極端，宜多溝通和解。

「**小過**」：修行人原來在山上過著清心寡慾的生活，山上物質條件豐厚之後，修行人的心就容易浮動，修行地的誘惑多，對修行者會造成嚴重阻礙，並非好事。

翔丰手札－103：

雷山小過，是陽奉陰違之象，君子以行過乎恭，床頭不反睡、床尾不朝門，吉兆也。

53卦：風山漸

風山漸

↓是泛指山上颳起大風，表示修行之人遇到無常風了，具破壞力，嚴重者令人傾家蕩產，家破人亡。

【卦象】草木漸茂之象，積小成多之意。

【占象】山上有木「漸」，君子以居賢善俗。

※、象徵：山上種有樹木，逐漸生長，比喻循序漸進。

※、運勢：逐漸走向光明前途，凡事宜打根基，可得吉慶，但須防色情之難及文書錯失。

※、愛情：循序發展，可成功，但婚姻有再娶之象。

※、疾病：惡化之象，注意胃、腸、背痛等。

※、失物：多數不能尋回。

※、訴訟：宜進不宜退，據理力爭可勝。

「**漸**」：凡人遇無常風，不是怨天尤人，即是憤世抗爭，若能由此觀人生無常，此逆境反而可成修行資糧，正是逆增上緣帶給人的力量。

翔丰手札－104：

風山漸，是草木漸茂之象，君子以居賢善俗，進門不見鐘、進房不見鏡、出門留燈。

54卦：水山蹇

水山蹇

→是泛指代表有僵局，令人苦不堪言，動彈不得，智者應安分守己，減少盲動，勿把僅存能重生的力量，全用盡了。

【卦象】門前有陷之象，背明向暗之意。

【占象】山上有水「蹇」，君子以反身修德。

※、象徵：前路險陷，後有高山，進退維谷，如跛者舉步維艱。

※、運勢：多災多難，進退兩難，此時宜守正道，不可輕舉妄動，動反招禍。

※、愛情：困難重重，破象已現。

※、疾病：病重，不可疏忽醫治，注意腎、胃、手部四肢損傷。

※、失物：搜索有困難阻滯而停止，不能尋回。

※、訴訟：終必有險，更防血光，不宜起訟，動則招咎。

「**蹇**」：大地需要水的潤澤，正如一個人具有智慧而不教化眾生，具有財富而不佈施，上天會處罰他，令他諸事不順。

翔丰手札－105：

水山蹇，是門前有陷之象，君子以反身修德，門前反弓橋、反弓水、反弓路，退運也。

55卦：艮爲山

艮為山

↓是泛指上山下山，一山接著又一山，無限的山延伸出去，謙虛的人如同在山頂看世界，又寬又廣。

【卦象】重山關鎖之象，步步為營之意。

【占象】兼山為「艮」，君子以思不出其位。

※、象徵：兩重高山並峙，故宜止不宜進，阻塞之象。

※、運勢：凡事不宜妄動，前路受阻，只好待機而動。

※、愛情：有單戀不和之象，雙方阻隔重重，關係停滯不前。

※、疾病：難治，注意腸胃、血管硬化及結核病。

※、失物：可以尋回，但要等一段時間。藏在家中、旅館、寺院、山中某處。

※、訴訟：因小事而化大，宜速求和，忌土姓人。

「**艮**」：象徵山外有山，人外有人，有智慧的人不會自滿，只會不斷地超越自我，凡人如井底之蛙，完全不清楚自己的渺小與外面的大千世界，又窘又小。

※、八卦：山。

※、人物：少男、童子。

※、身體：手指、鼻子、背部。

※、方位：東北。

※、數字：七。

※、五行：土。

翔丰手札－106：

艮為山，是重山關鎖之象，君子以步步為營，前方受阻，後方走動不停，運途敗也。

56卦：地山謙

地山謙

→是泛指代表偉人與成就者之謙和心，引喻人要謙和的降至比地面還低，是不容易的。

【卦象】空谷藏玉之象，虛懷處世之意。

【占象】地中有山「謙」，君子以裒多益寡，稱物平地。

※、象徵：二人同心，其利斷金，君子正心誠意，與人和同之象。

※、運勢：如意吉祥，與人共事，上下皆和，又得長輩提拔。

※、愛情：如魚得水，彼此互敬互諒，定成美眷。

※、疾病：病輕，不久可癒，注意心臟、頭肺等疾病。

※、失物：遺失等物，可能被壓在底層，盡快找尋，則可取回。

※、訴訟：凡事以和為貴。

「**謙**」：偉人能忘卻自己身分地位，和下屬的人平起共事，走的是最佳的「中庸之道」。

翔丰手札－107：

地山謙，是空谷藏玉之象，君子以虛懷處世，彼此互敬互諒，善語能營造家庭和樂。

57卦：天地否

天地否

→是泛指天在上，地在下，其實只是一種假象，看似井然有序，卻藏著極大不公平。

【卦象】閉塞不通之象，上下不和之意。

【占象】天地不交「否」，君子以檢德避難，不可容以祿。

※、象徵：天氣上升，地氣下降，天地之氣不交，主閉塞不通。

※、運勢：上下不和，百事不通，凡事宜忍，須知否極泰來。

※、愛情：陰陽相背，拒人於千里之外，有不和及離別之象。

※、疾病：占病為凶兆，病在腦、肺及腸胃等，慎防癌症。

※、失物：尋不回。

※、訴訟：各走極端，有口難言，宜及時求和。

「**否**」：社會分級越明顯，貧富的差異也越大，這種不變的局面，終究會引來上下易位的革命，形成合理的生存空間。

翔丰手札－108：

天地否，是閉塞不通之象，君子以檢德避難，新居入宅七日內，宴客親朋能旺財運。

58卦：澤地萃

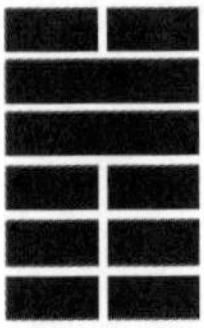

澤地萃

→是泛指地面上形成一個大湖泊，湖泊漸漸有豐美水草、鳥獸、魚類都前來聚集。

【卦象】鯉登龍門之象，精英薈萃之意。

【占象】澤上於地「萃」，君子以除戒器，戒不虞。

※、象徵：澤在地上，水聚於泥土中，滋養草木，生長茂盛。

※、運勢：吉運昌盛，又得長輩提攜，事業大利，但須防財務糾紛。

※、愛情：可喜可賀之吉象。

※、疾病：凶象，宜速診治，防胸腹及咽喉之病變。

※、失物：多半能失而復得。

※、訴訟：宜解不宜結。

「**萃**」：是聚集之意，指現在是邪魔昌盛，但也有慧者示現解脫大法，眾生應把握良機。

翔丰手札－109：

澤地萃，是鯉登龍門之象，君子以精英薈萃，佈局龍龜、貔貅、三腳蟾蜍、紫晶洞。

59卦：火地晉

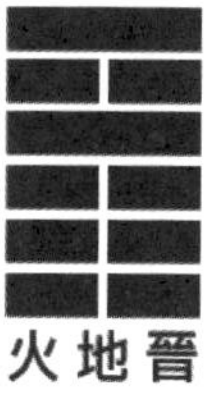

→是泛指太陽普照大地，便得萬物欣欣向榮。

【卦象】滿地錦繡之象，良臣遇君之意。

【占象】明出地上「晉」，君子以自昭明德。

※、象徵：日出地面，普照大地，有光明上進之象。

※、運勢：事業、名望、財運皆吉，所謂有加官晉爵之兆。

※、愛情：以柔順態度追求，定可成功。

※、疾病：久病者凶，近病無妨，注意胃腸、心臟之疾病。

※、失物：動作快，可以尋回來，似是在地上的箱子之類藏著。

※、訴訟：最終能圓滿解決。

「**晉**」：是光明之意，若有人發出無私大願力，正火形成「重明離」，便可擴展到整個宇宙，讓眾生破除無明，得到大光明。

翔丰手札－110：

火地晉，是滿地錦繡之象，君子以自昭明德，佈施能消災解厄，令事業、財運皆吉。

60卦：雷地豫

雷地豫

→是泛指雷打在地上，會釋出氤氣，會有益生長。

【卦象】雷奮大地之象，事見生機之意。

【占象】雷出地奮「豫」，君子以作樂崇德。

※、象徵：雷出於地上，陽氣奮發，萬物欣欣向榮。

※、運勢：如意安泰，可得長輩扶助，但須防色難，凡事應有備而戰。

※、愛情：一帆風順，天賜良緣，但女方年齡比男方大。

※、疾病：凶險之卦，注意腹腔、肝膽之疾病。

※、失物：難以尋回。

※、訴訟：有始而無終，易被多人連累，破財、受驚。

「**豫**」：即是預知之意，思維不惑，用智慧解析的人，常能預知未來，即使是平凡人，只要細心的觀察世間微處者，也能從小的地方預知未來。

翔丰手札－111：

雷地豫，是雷奮大地之象，君子以作樂崇德，行善、語施、指點迷津，能迴向積德。

61卦：風地觀

風地觀

↓是泛指風襲大地，指颱風或龍捲風，還包括一切的社會歪風，十之八九都受到遭殃，導致身敗名裂，家破人亡。

【卦象】風揚塵埃之象，觀察入微之意。

【占象】風行地上「觀」，君子以省方親民設教。

※、象徵：風運行於坤地之上，喻有周遊觀覽之意。陰長陽消，正道衰微，萬物難行。

※、運勢：處身於變化之中，宜多觀察入微，心身苦惱，並防外來誘惑。

※、愛情：飄動不定，外表看好，但內裡虛浮，宜得長輩扶助。

※、疾病：有漸惡化之象，病情變化多，為腹、神經系統病症。

※、失物：若能細心四察，可以找回來。

※、訴訟：小人當道，愈爭論惹起紛爭愈多，但終會和解。

「**觀**」：有智慧的人，剛好趁此無常之風，開啟大智慧，就如打開妙觀察智一般。

翔丰手札－112：

風地觀，是風揚塵埃之象，君子以省方親民，客廳椅要有靠、床要有床頭，安穩也。

62卦：水地比

水地比

↓是泛指水在大地之上，行成河川、湖泊，太過則會泛濫行成災難，往往也會因而形成新的可耕地，養活更多人口。

【卦象】眾星拱月之象，安逸進取之意。

【占象】地上有水「比」，君子以建萬國，親諸侯。

※、象徵：一陽統五陰，比鄰相親相輔，和樂之象。

※、運勢：平順可得貴人提拔，凡事宜速戰速決，不可過分遲疑。

※、愛情：兩情相悅，美好良緣。

※、疾病：新病宜速就醫，久病則危，為腹、腎、耳等疾病。

※、失物：不會再現。通常均已遭損毀。

※、訴訟：宜以和解態度面對，雖小人多，但可勝訴。

「**比**」：即是因水在大地之上，助人或誤人都是無常之法。

翔丰手札－113：

水地比，是眾星拱月之象，君子以安逸進取，佛堂不設樓梯間、主臥房不設兩扇門。

63卦：山地剝

山地剝

→是泛指高山矗立在大地之上，但是山上的土石一直在剝落。

【卦象】群陰剝陽之象，去舊生新之意。

【占象】山附於地「剝」，君子能上以厚下安宅。

※、象徵：山附於地喻山石崩而落於地面上，五陰迫一陽，正義被損。

※、運勢：惡運纏身，宜重新部署，不宜自作聰明，防被女子及小人連累。

※、愛情：陰盛而陽衰，男追女則利，反之不利，是非小人多。

※、疾病：病情惡化之象，防頭痛、腸胃、性病等疾病。

※、失物：目前還隱藏在家中地上，可惜無法發現，不久會被掃走。

※、訴訟：因財而起紛爭，小人當道，宜避之則吉。

「**剝**」：人一旦自認如高山般的自稱，就會同山之命運，所以應該自我提醒，做人處事的謙卑之道。

翔丰手札－114：

山地剝，是去舊生新之象，君子以能上安宅，佛堂不對廁、入門不見灶，動線暢通。

64卦：坤爲地

坤為地

→是泛指具有無比的包容特質，也是一個中和場，以一物剋一物，直達平衡。

【卦象】兼容萬物之象，以柔制剛之意。

【占象】地勢「坤」，君子以厚德載物。

※、象徵：大地承載萬物，以德服眾，仁者無敵。

※、運勢：諸事不宜急進，以靜制動為宜。

※、愛情：急進有失，緩進反成，欲速不達。

※、疾病：病情嚴重，為腹、腸胃、肌肉等慢性病。

※、失物：難以尋回，大部分均不知下落。

※、訴訟：防房地產之爭，宜和解，有始無終之兆。

「**坤**」：大地能一物生一物，強調萬有歸空的道理，泛指一切不能脫離世間。

※、卦：地。

※、人物：老母、孕婦、妻子、眾人。

※、身體：腹部、脾胃、皮膚。

※、方位：西南。

※、數字：八。

※、五行：土。

翔丰手札－115：

坤為地，是兼容萬物之象，君子以厚德載物，五行運轉、以靜制動，風水上乘佈局。

五、風水之卦象哲學

※、「卦象三思維」：

一、不學習一定不會瞭解。
二、學習了也不一定理解。
三、學會了卻能受用終身。

※、「占卜三卦象」：

一、本卦：事件的開端。
二、互卦：事件的過程。
三、變卦：事件的結果。

※、「卦象三把金鑰」：

一、第一把金鑰「**陰陽**」：世間任何事情，都有陰陽平衡與和諧，達到和諧就能發展進步。
二、第二把金鑰「**五行**」：自然界萬物都離不開五行的相生相剋，綿延的循環和共生相關。
三、第三把金鑰「**八卦**」：宇宙的八個元素，延伸為六十四卦，演化為三百八十四爻密碼。

※、「卦象的核心」：

一、簡易：可以把它們轉換成人們容易理解的。

二、變易：宇宙萬物，沒有一樣東西是不變的。

三、不易：萬物皆變的規律，就是永遠不變的。

※、「卦象的成書」：

一、西周初至晚周。

二、距今約三千年前。

※、「易傳的成書」：

一、撰者：孔子。

二、成書於春秋至戰國中期。

三、是對易經的注釋和發揮。

※、「卦象的呈現過程」：

【占卦的呈現圖示】

一、伏羲畫八卦。
二、文王作卦辭。
三、周公著爻辭。
四、孔子撰《易傳》。
五、儒家六經之首（易、書、詩、禮、春秋、樂）。

※、「卦象的自然界代表」：

一、八卦名稱：乾、坤、震、巽、坎、離、艮、兌。
二、自然名稱：天、地、雷、風、水、火、山、澤。

※、「卦象的原理與基礎」：

一、太極。
二、八卦。
三、河圖。
四、洛書。

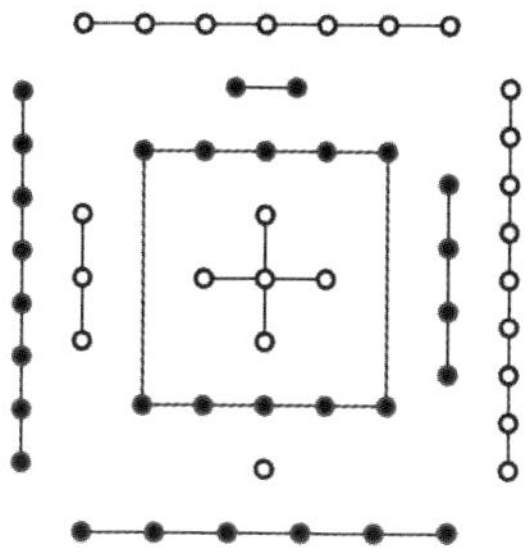

【河圖的圖示】

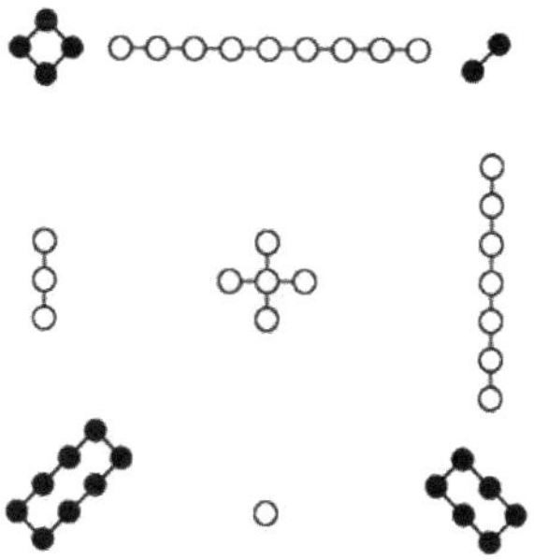

【洛書的圖示】

五、陰陽五行。

※、「卦象的形成」：

一、無極化太極。

二、太極生兩儀。

三、兩儀生四象。

四、四象生八卦。

五、八卦下上組，形成六十四卦象名。

六、六十四卦動六爻，演化成三百八十四爻。

※、「卦象的倫理位階」：

一、八卦名稱：乾、坤、震、巽、坎、離、艮、兌。

二、倫理位階：父、母、長子、長女、中男、中女、少男、少女。

※、「卦象的先後天」：

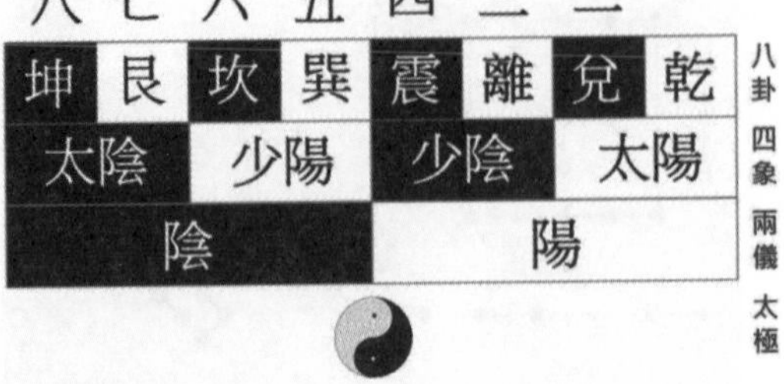

【易經形成之圖示】

一、先天八卦：是宇宙形成時的狀況，又稱伏羲八卦。

排列：乾一、兌二、離三、震四、巽五、坎六、艮七、坤八。

先天運用：**占卦**。

二、後天八卦：是宇宙以內的變化和運用的法則，又稱文王八卦。

排列：坎一、坤二、震三、巽四、中五、乾六、兌七、艮八、離九。

後天運用：風水。

※、「卦象的組成」：

一、用「—」表示陽爻。

二、用「- -」表示陰爻。

三、陰陽爻就組成了卦。

四、每一個卦有六個爻。

五、八個單卦，組成六十四卦名。

【爻的圖示】

※、「卦象的畫卦」：

一、六十四卦由下上兩個卦所組合。
二、下卦稱之「內卦」。
三、上卦稱之「外卦」。
四、周易的詮釋以「卦名、卦畫、卦象、卦義」四種。

※、「卦象的爻卦」：

一、由下往上數，依序為初爻、二爻、三爻、四爻、五爻、上爻。
二、陽爻則稱之「九」，陰爻則稱之「六」。
三、陽爻組合，稱為「初九、九二、九三、九四、九五、上九」。
四、陰爻組合，稱為「初六、六二、六三、六四、六五、上六」。
五、初爻、二爻是「地位」。
六、三爻、四爻是「人位」。
七、五爻、上爻是「天位」。

※、「卦象的四大吉祥卦」：

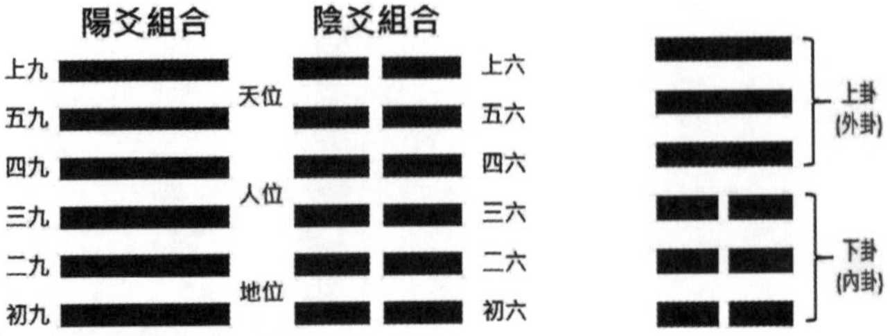

【卦爻的組合表示】

一、**乾卦**（乾為天）：凜凜皇者之象，自強不息之意。
二、**坤卦**（坤為地）：兼容萬物之象，以柔制剛之意。
三、**謙卦**（地山謙）：空谷藏玉之象，虛懷處世之意。
四、**萃卦**（澤地萃）：鯉登龍門之象，精英薈萃之意。

※、「卦象的四大修身卦」：

一、**坎卦**（坎為水）：重重險陷之象，向下內斂之意。
二、**困卦**（澤水困）：河中無水之象，守正待機之意。
三、**蹇卦**（水山蹇）：門前有陷之象，背明向暗之意。
四、**屯卦**（水雷屯）：春木更新之象，艱難險阻之意。

※、「卦象的六大自省卦」：

一、**大過卦**（澤風大過）：枯木生花之象，反省過失之意。
二、**明夷卦**（地火明夷）：鳳凰垂翼之象，棄明投暗之意。
三、**否卦**（天地否）：閉塞不通之象，上下不和之意。

四、**噬嗑卦**（火雷噬嗑）：喉中有物之象，夫妻怨怒之意。
五、**咸卦**（澤山咸）：山澤通氣之象，往來無阻之意。
六、**剝卦**（山地剝）：群陰剝陽之象，去舊生新之意。

※、「卦象的五種分類卦名」：

一、上上卦：

乾為天（**乾卦**）：剛健不息。
坤為地（**坤卦**）：柔順包容。
水地比（**比卦**）：誠信團結。
火天大有（**大有卦**）：順天依時。
火雷噬嗑（**噬嗑卦**）：剛柔相濟。
山雷頤（**頤卦**）：純正以養。
風雷益（**益卦**）：損上益下。
澤天夬（**夬卦**）：決而能和。

地風升（**升卦**）：柔順謙虛。
水風井（**井卦**）：求賢若渴。
澤火革（**革卦**）：順天應人。
風山漸（**漸卦**）：漸進蓄德。
雷火豐（**豐卦**）：日中則斜。
兌為澤（**澤卦**）：剛內柔外。
水澤節（**節卦**）：萬物有節。

二、中上卦：

水天需（**需卦**）：守正待機。
地水師（**師卦**）：行險而順。
天澤履（**履卦**）：腳踏實地。
天火同人（**同人卦**）：上下和同。
地澤臨（**臨卦**）：教民保民。
風地觀（**觀卦**）：觀下瞻上。

山火賁（**賁卦**）：飾外揚質。
山天大畜（**大畜卦**）：止而不止。
離為火（**離卦**）：附和依託。
澤山咸（**咸卦**）：相互感應。
雷風恆（**恆卦**）：恆心有成。
雷天大壯（**大壯卦**）：壯勿妄動。
火地晉（**晉卦**）：求進發展。
雷水解（**解卦**）：柔道致治。
天風姤（**姤卦**）：天下有風。
澤地萃（**萃卦**）：薈萃聚集。
澤水困（**困卦**）：困境求通。
震為雷（**震卦**）：臨危不亂。
巽為風（**巽卦**）：謙遜受益。
雷山小過（**小過卦**）：行動有度。

水火既濟（**既濟卦**）：盛極將衰。

三、中中卦：

地天泰（**泰卦**）：應時而變。

天地否（**否卦**）：不交不通。

地山謙（**謙卦**）：內高外低。

雷地豫（**豫卦**）：順時依勢。

澤雷隨（**隨卦**）：隨時變通。

山風蠱（**蠱卦**）：振疲起衰。

地雷複（**複卦**）：寓動於順。

四、中下卦：

山水蒙（**蒙卦**）：啟蒙奮發。

天水訟（**訟卦**）：慎爭戒訟。

山火賁（**賁卦**）：飾外揚質。

澤風大過（**大過卦**）：非常行動。

地火明夷（**明夷卦**）：晦而轉明。

火風鼎（**鼎卦**）：穩重圖變。

艮為山（**艮卦**）：動靜適時。

火水未濟（**未濟卦**）：事業未竟。

五、下下卦：

水雷屯（**屯卦**）：起始維艱。

風天小畜（**小畜卦**）：蓄養待進。

天雷無妄（**無妄卦**）：無妄而得。

坎為水（**坎卦**）：行險用險。

天山遁（**遁卦**）：遁世救世。

風火家人（**家人卦**）：誠威治業。

火澤睽（**睽卦**）：異中求同。

水山蹇（**蹇卦**）：險阻在前。

山澤損（**損卦**）：損益制衡。
雷澤歸妹（**歸妹卦**）：立家興業。
火山旅（**旅卦**）：依義順時。
風水渙（**渙卦**）：拯救渙散。
風澤中孚（**中孚卦**）：誠信立身。

※、「卦象的八大人生哲學」：

一、**夬卦**（澤天夬）：蛟龍登天之象，虧中有益之意。**行佈施心！**
二、**姤卦**（天風姤）：風雲際會之象，聚散隨緣之意。**廣結善緣！**
三、**萃卦**（澤地萃）：鯉登龍門之象，精英薈萃之意。**匯聚人才！**
四、**升卦**（地風升）：積小成大之象，拼搏得益之意。**順隨眾心！**
五、**困卦**（澤水困）：河中無水之象，守正待機之意。**堅守正道！**
六、**井卦**（水風井）：珠藏深淵之象，井井有條之意。**修德修身！**
七、**晉卦**（火地晉）：滿地錦繡之象，良臣遇君之意。**奮進不懈！**

八、**豐卦**（雷火豐）：光明普照之象，棄暗投明之意。**知足常樂！**

※、「卦象的五不占卦」：

一、**心不誠意者不占。**

二、**聽吉不聽凶不占。**

三、**舉止輕狂者不占。**

四、**無聊取樂者不占。**

五、**急功近利者不占。**

【占卦的示意圖】

翔丰手札－116：

陰陽、五行、八卦、六十四卦象、卦象方位、卦象哲學，是風水精髓，人生目標也。

第陸章

風水學・原理應用

第陸章

風水學　原理應用

一、風水原理與應用

一、均離不開「太極、河圖、洛書、先天八卦、後天八卦」。

二、脫離不了「陰陽、雌雄、零正、乘氣、納氣、靠山收水、出煞」。

三、陰宅：多在「山脈曠野，重視龍穴砂水」。

天然造物之「入山尋水口；登穴看明堂」。

喜坐「正神」，向「零神」。

又喜「明堂見水」，稱「撥水入明堂」。

四、陽宅：多在「村落城市，重視群居獨戶，通透陽和」。

人為造成之「入村看氣口；到宅辨六事」。

喜納「正神氣」，動線在「旺宮」，稱「移宮換步」。

零神為「水」；正神：為「山」。

五、巒頭五訣：地、勢、路、形、氣。

六、化解五訣：遮、擋、化、煞、避。

七、地脈五訣：龍、穴、砂、水、向。

八、立極五訣：乘、止、截、虛、氣。

九、道路五行：木、火、土、金、水。

十、宅門吉凶：氣、光、影、味、聲、色。

※、堪輿之步驟與注意事項：

一、先依「地、勢、路、形、氣」的巒頭五訣來分析。

二、盡量「論吉不論凶」之評論。

三、如要「論凶」也要保留幾分。

四、再依「宅形、分房、生肖」，來宮宮立太極，論個人吉凶。
五、注意「八煞、太歲、生肖」之方位的形煞。
六、檢查「門口、開窗」是否納正神，其屋內零正位置與納氣。
七、遇煞之改善：用「遮、擋、化、煞、避」之化解五訣應用。
八、整體性之驗證，採用「零正訣」搭配「八卦訣」檢視「分房訣」及「二十四山斷訣」。
九、應盡力協助納財佈局與煞氣化解，不可鬥人，要心懷慈悲。

※、堪輿學又稱風水學：

一、堪者仰察天文、輿者俯察地理。
二、堪者－天道：輿者－地道。
三、仰以觀於天文、俯以察於地理。
四、把堪輿叫做地理學。
五、堪輿學之精髓：乘生氣、乘風則散，界水即止。
六、西方人稱：環境學、方向學、色彩學、心理學。

翔丰手札－117：

風水的應驗，離不開「太極、河圖、洛書、先天八卦、後天八卦」，用真心去堪輿必能如願。

二、風水擇日與應用

※、簡單擇日法：

看農民曆之每月兩個節氣，後三天加兩個望日（有八日）。

※、擇日法種類：

一、天界擇日法（節氣後三天加兩個望日）。

二、奇門擇日法（鬼谷子仙數）。

三、玄空大卦擇日法（不要沖生肖日）。

四、董公擇日法。

五、紫白擇日法：

六、四和擇日法。

※、擇日之重點與要訣：

一、天界擇日法：指月圓、節氣、時辰、分鐘之應用，每月有「八日」可供使用。

二、奇門擇日法：指出行訣之「日期」與「時間」之吉凶。

三、玄空大卦擇日法：查詢「楊氏些子法表」及「玄空大卦表」得之。

四、董公擇日法：依一般通書與農民曆上所列。

五、紫白擇日法：分年、月、日、時之紫白。

六、四和擇日法：是平和的方法，亦是「可有可無」之法。

↓以上之擇日法，於一般選吉擇日應用上，搭配兩種以上，是會有「吉應」的。

↓如「董公」配「奇門」以用事為原則，要避開「生肖」及「分房宮位」。
↓擇日之「日干支」及「時干支」，不可沖到人之生肖。

※、天界擇時法：

1點代表一定贏（1點18分一定發）。
6點代表順利。
8點代表一定發。
9點代表一定到。
10點代表雙雙對對（圓滿）。
12點代表六六大順（01~39分都可）。

※、迎娶好時辰：

一、1，2，6，8，9，10（2：30及4：30代表雙雙對對）。
二、挑吉時10：00迎娶。
三、新人11：00入門拜拜。

翔丰手札－118：

風水的擇日，首重「節氣前後」，次重「天界法則」，再看「農民曆法」，屋宅修繕必定要擇日。

三、風水煞氣與應用

※、以地、勢、路、形、氣之應用：

一、**地**：山坡、盆地之地理位置的整體方向探勘察看。

二、**勢**：左青龍、右白虎、前朱雀、後玄武之態勢均稱、是否高壓，須配合「零正」與「陰陽」。

三、**路**：採用「道路五行訣」，木、火、土、金、水，五行之吉凶。

四、**形**：分宅體與五行之所述，可依行業別應用之。
五、**氣**：分為「納氣」與「聚氣」之用，又有「過明堂」之切向。

※、以遮、擋、化、煞、避之應用：

01 **尖角煞**
建築物以銳角方式呈現。
尖火形，以土形玄空化解，或鏡子、布簾、植物化煞。

02 **路沖煞**
道路以正面方式呈現。
直木形，以火形玄空化解，利工廠、醫院、餐廳、燒烤小吃。

03 **水射煞**
水流以直流方式呈現。
直水形，以植物木形玄空化解。

04 **山崩煞**
山脈以土崩銳角方式呈現。

尖火形，以土形玄空化解。

05 **牆缺煞**

建築物牆壁以破裂銳角方式呈現。

尖火形，以土形玄空化解，或修補整齊。

06 **壁裂煞**

建築物牆壁以裂縫銳角方式呈現。

尖火形，以土形玄空化解，或修補裝飾。

07 **巉巖煞**

山脈山崩，或尖形建築物，或樓梯以銳角方式呈現。

尖火形，以土形玄空拆解。

08 **樹撞煞**

樹木以正面方式呈現。

直木形，以火形玄空化解，利燒烤小吃店。

09 **廟照煞**

寺廟、教堂建築物以銳角方式呈現。

尖火形，以土形玄空化解，利夜市、小吃店。

10 **高壓煞**

建築物、山脈以正面方式呈現。

直木形，以火形玄空化解，或以光線照亮、補足宅氣旺足。

11 **礙眼煞**

建築物、樑柱、招牌、燈飾、光線以銳角及紅光方式呈現。

視覺形，以物體遮住玄空化解及化煞。

12 **刺耳煞**

物體以尖銳聲音方式呈現。

聽覺煞，以植物吸音、建材隔音玄空化解與化煞。

13 **天斬煞**

建築物兩側相鄰以直線空間正面方式呈現。

直木形，以火形玄空化解，利燒烤小吃店以火催旺。

14 **鐘對煞**

時鐘以圓形旋轉方式呈現。

圓金形，以水形玄空化解，不宜正面相對。

15 **牽牛煞**

道路及樓梯以正面一層一層往下之方式呈現。

直木形，以方土形玄空化解，或以布簾、凹鏡化煞。

※、五行宅形之堪輿認識：

一、木形：長方形宅

巒頭九星：貪狼木。

五行宅形：長方形宅，琵琶型、曲尺型、十字型、雙十字型、工字型、凸型大樓。

二、火形：三角形宅

巒頭九星：廉貞火。

五行宅形：三角形宅、多邊三角形宅，如三角型大樓、輪軸型大樓。

三、土形：正方形宅

巒頭九星：巨門土、祿存土。

五行宅形：正方形宅，如方印形、凹字形、回字形大樓。

四、金形：正圓形宅

巒頭九星：武曲金、破軍金。

五行宅形：正圓形宅、半圓形宅、圓柱形大樓。

五、水形：彎曲形宅

巒頭九星：文曲水。

五行宅形：彎曲形宅、波浪形宅、走蛇形宅、連續半圓形，如S型大樓。

翔丰手札－119：

風水的應用，巒頭訣、化解訣、五行訣，任何一種真訣，學會了就是「緣份」，皆要珍惜。

四、風水羅盤與應用

※、羅盤之正確使用：

一、將羅盤之盤面保持平衡。
二、將指北針與紅色海底針重疊。
三、紅色十字線正對自己，與身體成90度角。
四、站在房內，面對房門，測出自己面向之方位。
五、背面方向稱坐山、面對方向稱出向。
六、觀看其紅色十字線下方之坐山出向的24山方位。
七、即可測出正確房屋坐向、大門氣口坐向、房門氣口坐向。

※、羅盤之四層功能介紹：

一、第一層：

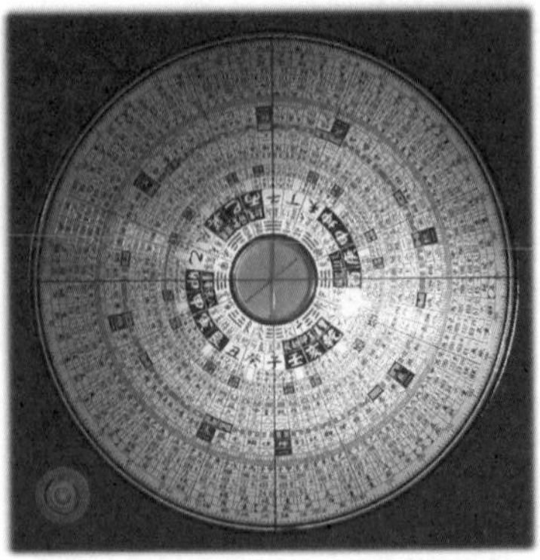

子午線↓子方朝北，兩小點。

豎針↓尖頭朝南，圓頭朝北。

二、第二層：

先天八卦↓八卦圖騰。

後天八卦↓八卦文字。

黃泉八煞↓左邊文字（地支）。

三、第三層：

二十四方天星↓龍樓……地殺。

四、第四層：

二十四山向↓壬子癸為北方。

此層可看出八卦方位及方向。

※、羅盤之論宅內吉凶：

一、家宅之大門口，可論宅內戶長吉凶。

二、陽台落地窗之入門口，可論宅內男主人吉凶。

三、房間對外之窗口，可論宅內女主人吉凶。

※、羅盤之使用時機與重點：

一、要知「方位、坐向、八卦方位」之使用。

二、要知「二十四山」之位置。

三、依二十四山斷訣，其依「坐向」須知，何時、何人、發生何事、有何煞、有何病。

四、佈局之用，門向旺卦、走內卦氣。

五、其陰宅，用來量「來龍」、「水口」、「坐山立向」，

六、其方位要量「坐向」，可知「何時發、何時敗、何時病」。

翔丰手札－120：

羅盤的應用，是天地磁場的恩賜，傳統的、數位的、電子式的使用，學習後要善用與隨身攜帶。

五、風水門派與名詞

一、三元門派分為三大理氣論法：

1 龍門八局　2 玄空大卦　3 玄空挨星

二、三元地理祕訣名詞：

1 雌雄→以巒頭為體先、以理氣為用後。

2 些子→用分六親法、元運法。

3 黃白→黃氣為山川之氣、白氣為河川之氣。

4 零正→正神為高山（主管丁）、零神為低水（主管財）。

※、風水六大法訣介紹：

一、玄空法：又稱大玄空。

二、玄空挨星法：由先後天八卦，推算出丁、出富、出貴時間。

三、雌雄法：山為雌、水為雄，陰山陽水。

四、金龍法：結合有形的數和無形的氣，產生靈動力量。
五、城門法：運用各方位吉凶之法門訣竅。
六、太歲法：每年到山之吉凶禍福。

※、陰陽亦稱「雌雄」：

一、識得陰陽兩路行，富貴達京城；不識陰陽兩路行，萬丈火坑深。
二、雌雄分為：
山→靜、陰、**雌**。
水→動、陽、**雄**。
凸→陽；凹→陰。
平坦→陽；高峻→陰。
門口→陽；廳堂→陰。
動→陽；不動→陰。
入氣→陽；出氣→陰。

來龍→陽；去向→陰。

三、順逆陰陽，應識得陰陽兩路行。

→四隅氣運逆佈，即二四六八逆佈。

→四正氣運順佈，即一三七九順佈。

※、雌雄與零正之關係：

一、陽公重雌雄，不重神煞。

二、關天關地定雌雄，富貴此中逢，仙人祕密定陰陽，便是正龍崗。

三、陰陽兩字看零正，坐向須知病。

四、陽若無陰定不成，陰若無陽定不生，陽水陰山相配合，兒孫天府早登名。

五、都天大卦總陰陽，玩水觀山有主張，能知山情與水意，配合才可論陰陽。

六、零神：為「水」；正神：為「山」。

七、八運：西元 2004 ~ 2023 年之零正神水訣。

①「艮八」，東北方，為「正神」。

②「坤二」，西南方，為「零神、催財水」。

③「震三」，西南方，為「催官水」。

※、風水之兩種論法：

一、**巒頭法**：判斷其地氣、水氣、人氣，以氣聚則旺、氣弱則衰、氣散則亡，藉以勘察龍脈，尋找山川走勢，找出地理之氣旺處，以決定住宅建築物的坐向。

派別：**三合派**、**九星派**。

↓講龍穴砂水的來去、高低、進退、實空、動靜，以巒頭形勢為用。

二、**理氣法**：採用方法來計算旺衰之方，求取長遠吉祥之時間。

派別：**三元派**、**八宅派**。

↓以三元及八卦來配合運用先後天八卦砂水法和河圖洛書，以玄空、挨星來論斷運理氣，可乘時搶運，掌握天時。

三、**堪輿之道**：「巒頭」無「理氣」不靈、「理氣」無「巒頭」不準。

※、家宅之內外六事：

一、昔日外六事↓路、井、廁、牲畜欄、廟、橋。

昔日內六事↓大門、天階、廳、床、磨(石推磨)。

二、現今外六事↓河流、池塘、廟宇、街道、橋樑、樹木。

現今內六事↓廳堂、廚房、廁所、大門、臥室、神位。

翔丰手札－121：

風水的門派，無論是三元、三合、巒頭、理氣、八宅、玄空，都應平常心學習與虛心研究。

第柒章

風水運·修行探索

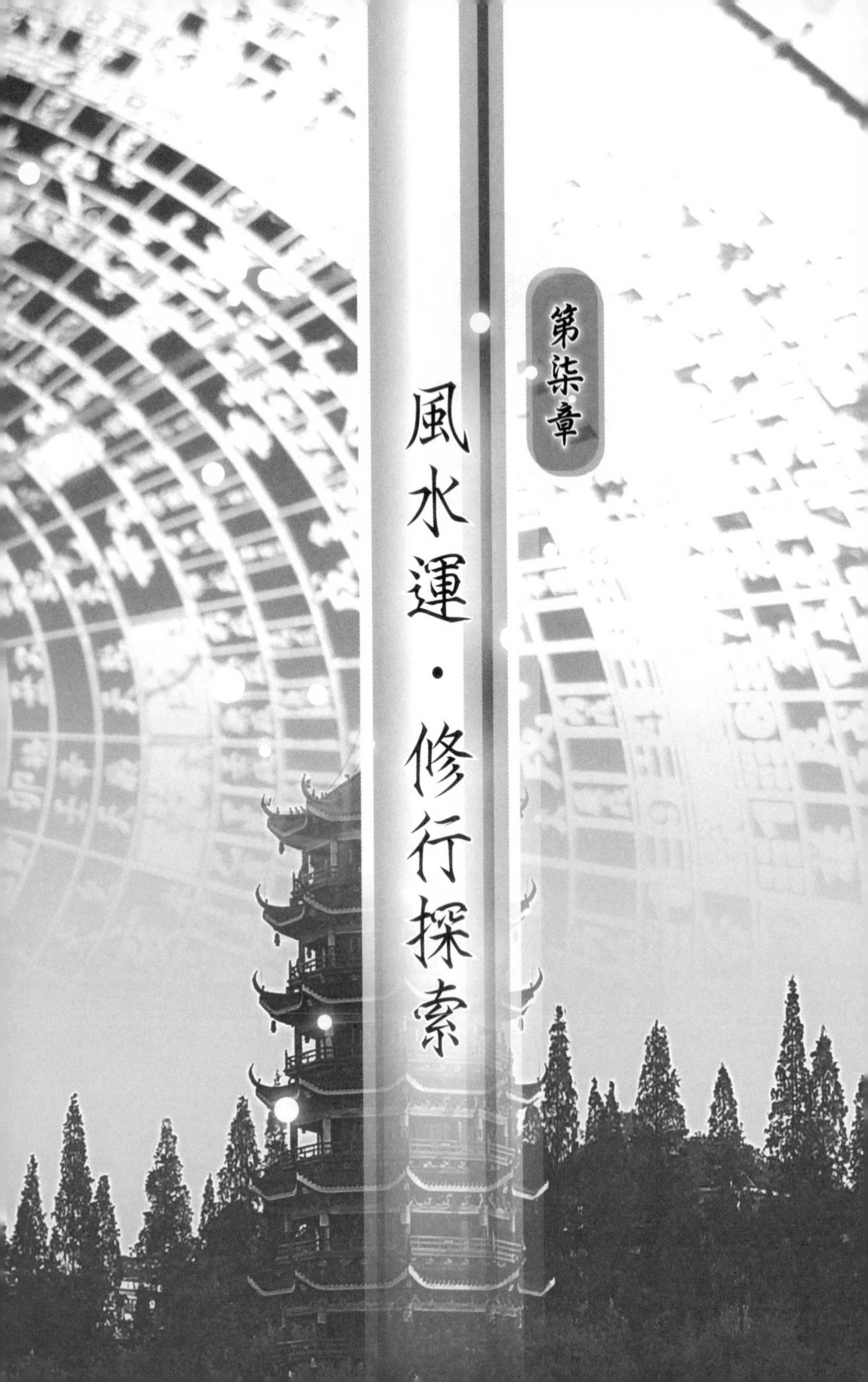

第柒章 風水運 修行探索

一、風水修行感應

風水的學習過程，需要不斷地修行與成長，堪輿風水時才能心有感應，翔丰分享多年來的自我修練方法與觀想之步驟，讓有緣份的讀者們分享與一起練習。

※、準備說明：

1．早睡早起做、空腹做與閉目站著做較佳。
2．提氣運行由左、右、中脈集中後再上行。
3．全部至少做滿一個月（30天）。

4・頭頂會有一股氣往上沖，形成圓形的星光圈。

5・練習的過程，不要有任何的執著心。

6・由小腹會陰穴、再到頭頂正中心為金色光，外為紫氣色。

※、修行方法：

（一）、腹部呼吸法：

1・用鼻子呼吸，吸氣時，腹部膨脹；呼氣時腹部收縮。

2・吸氣脹滿時，要稍停一下（約5秒），再緩緩將氣呼出。

3・第一星期每日做30次，經過一星期後，每日至少30分鐘以上。

（二）、閉目觀想法：

1・腹部吸脹呼縮時，閉目觀想。

2・由小腹會陰穴，再到頭頂之氣脈觀想。

3・想像有一金光色之螺旋鑽子，逆時鐘往上鑽。

4・寬度一公分即可，反覆想像。

（三）、**眼球運動法**：

1．腹部呼吸法及觀想30次或30分鐘後，可站立閉目。

2．雙肩下垂，全身放鬆，雙手自然下垂並掌心向下。

3．做眼球運動，繞圓圈順轉、逆轉、左右、上下，至少72次繞圈。

4．能全身血氣循環，氣血代謝佳，氣色好，財運也佳。

（四）、**意念冥想法**：

1．閉目意念想像，有一太陽放光到全身。

2．面帶微笑，同時默念著「**無私無我之心靈放空**」。

3．完成後緩慢呼吸，觀想頭頂有一太陽放光。

4．將其光由全身毛細孔吸進來，3～5分鐘即可。

5．因為觀想放光會耗元氣；需緩緩調勻呼吸，使其恢復元氣。

※、**原理說明**：

1．以上需用一個月時間到三個月或半年內，必然可成。
2．意念融合觀想之默念時，會自然顯現，感應最強烈。
3．修練時模仿太陽之心境，需沒有任何執著心，才是。
4．初期會於七天內有下瀉，胸口會有壓迫感，頭部會發脹。
5．本修行方法，皆為用意念控制，平常心學習，不需急進。

翔丰手札－122：

風水的修行，能將意念融合觀想、啟動觀想搭配默念時，氣感會自然湧現，風水感應就會越來越強。

二、風水心靈探索

風水可以區分成三大類，「**陽宅風水**、**陰宅風水**、**心靈風水**」，此附錄中將探討並分享「**心靈風水**」。它是我們內心最深最深的記憶，會累積於我們的潛意識之中，並且完整地隱藏著「**前世**」的幸福與回憶，平時如不去啟動它時，它會深深地埋伏在我們的內心深處，只是偶爾會讓你「**觸景生情**」與「**感同身受**」。

這種透過潛意識的探索與引導之心靈風水，坊間又稱為「**元辰宮**」探訪，在翔丰2008年出版的第四本書《**自在般若禪－從禪修探索前世今生**》已有著完整的說明與介紹，其元辰宮探訪就像是用一把有授權的「**心靈鑰匙**」，用來開啟累世隱藏在內心深處的「**內心答案**」，將前世所經歷的事件一一呈現，讓內心深處的因緣與業力能浮現腦海，進而找到今世的心靈答案，也能讓我們了知因果，其心靈能安心自在，領悟當下的「**平常心**」並放下「**執著**、**猜疑**、**怨恨**」，來勇於面對現實與挑戰，做好自己的主人，放眼未來，行善積福，為自己心靈風水，種下無私無我的「**善因**」，好為將來再度回到人間時，能細細地品嚐這前世的「**善果**」。

分享「**心靈風水**」是潛伏在生命體的內心深處，會隨著靈魂體的轉世與輪迴，記載與累積著前世與前幾世的記憶，這些深藏不易被觸發的事件回憶，它代表著一個人，最根本存在的「**本質、本性**」，以現代科學及心理學而言就是潛在個性。翔手多年的引導與個案得知，藉此能探知一個人內心真正的心靈個性、想法、工作態度、金錢觀念、人際觀。

※、心靈風水的探索，可分成「地庫、天庫」的觀看：

其「**地庫**」：代表一個人的「**今生**」，進入地庫後能看到自己的地庫廚房與房間，看看廚房的米缸內的米、看看爐灶內的柴木、看看自己的本命生肖、看看自己的貴人、看看自己的業力、看看最近會發生的事件，能探索並體認自己在今生處世的個性與態度。

其「**天庫**」：代表一個人的「**前世**」。進入天庫後能看到自己前世的住宅格局，從前庭的明堂進入，可看到供桌的擺設、看看自己的桃花樹生長如何、看看自己的本命樹（本命花）生長得健康如何、看看自己前世所供奉的佛菩薩是誰、看看自己前世的書房擺設、自己前世的指導靈（老師、師父）是誰、看看自己前世的後花園擺設、看看自己前世的主臥房擺設、看看自己前世的財庫多不多、看看自己前世的客廳桌椅擺設，能探索並體認自己在前世的行善多寡與福德、健康、財庫狀況。

※、探訪心靈風水之步驟：

01 將身體用全部的重量完全放鬆、平靜下來。
02 調整好姿勢，輕輕閉上眼睛，做幾個深呼吸，意識放輕鬆。
03 透過「專注力」的引導，讓心靈變得很寧靜。
04 聽到引導師的聲音，其內心放輕鬆，身體會輕飄飄的。
05 接著，引導其「元靈」去看「地庫」。
06 探訪「地庫的廚房」，檢視「米缸、爐灶、碗櫥、生肖房、貴人房、親人房、業力房」。
07 接著前往天庫，先看「明堂、供桌、桃花樹、本命花樹、神明廳、前世書房、後花園、主臥房」。
08 然後，到客廳去看「保險箱」的財庫，最後確認客廳「桌子、椅子」，完成後引導回明堂處。

09 由明堂處協助呼叫「雲」的搭乘，緩緩地回人間地面。

10 要結束心靈風水的探訪之旅，引導做三下很深長細綿的「深呼吸」，回到平常的意識狀態。

※、探訪心靈風水之分析：

在探訪「**心靈風水**」的過程，也就是觀看自己的「**元辰宮**」，這是一種潛意識的自我顯像，能從今生的各種意念互動，串聯到前世的福德與能力，包含著今生你的心靈個性、財富、事業、感情、婚姻、健康等項，能瞭解你一生的功課與使命，並能結合前世的財富、福德能量。

透過潛意識的探索，來看到你這一生的「**財庫多寡、工作運勢、本命生肖、金錢觀念、貴人運勢、業力所在、近期事件、格局度量、桃花運勢、生命力、前世福德、前世能力……**」，也會因每人體質的不同，還會有意想不到的插曲及事件發生。

所以，有緣份來一趟心靈風水的體驗過程，也可以說是心靈開運的過程，不但可以讓體驗者更瞭解自我的內心深處，更能讓自己心靈更放得開，去接受自己業力所屬，好為自己現今與將來甚至於未來，鋪設出一條好的康莊大道。

※、探訪心靈風水之意義：

觀看心靈風水，當你體驗後，無論是進入「**地庫**」看米缸與爐灶，還是進入「貴人房、影響一生房、業力房、近期事件之房」，所看到的都是反映到今生今世的運勢，能去正視它與面對它，甚至接受它的呈現與顯像，進而改變自我的態度、觀念、思維，讓人生觀更開朗與豁達，也能對這有情有愛的社會，付出自我的小小心力，行善與佈施給需要幫助的苦難朋友及有緣人，這才是觀看「元辰宮」或是「潛意識探索」的真正目的。

至於到「**天庫**」去體驗的「明堂、供桌、桃花樹、本命樹、本命花、前世書房、財庫」，這是顯示你前世的福德與健康狀況，能讓你知曉今生的格局氣度與人際關係，再加上健康方面，是源自你前世行善積德而來的。

心靈風水的探訪與體驗，是一件神聖又莊嚴的「心靈開運」探索，因為有緣從事體驗的朋友，都是前世有好福報的人，也都是有過行善與佈施的善人，這點是翔丰引導過無數好朋友的深切體認。

因翔手在風水上的學習，一路走來也是歷經無數的挫折與走了很多冤枉路，總是在某些特殊機緣之牽引下，就會有所突破與成長，如今翔手能自平凡的電腦工程師，漸漸走向風水師，以至現在成為眾朋友口中的「心靈引導師」。這些成長與精進的成果，我可要感恩天地與眾朋友給我如此殊勝的機緣來學習與印證，且能讓我具體又實質地幫助需要的好朋友及有緣人，帶領走進正向、積極、樂觀的人生態度。

所以，心靈風水的探索好處，是在體驗的過程中，會處於一種「放鬆、舒適」的狀態下，且完全是清醒狀況，並非是睡著了與做夢現象。其體驗的時候，閉上眼睛與外界隔絕，在翔手的引領下，就會與體驗者內在的潛意識溝通並連接上線，就像是在外地流浪多年的人，回到心靈故鄉，重新探訪自己。

心靈風水的引導，像是心理學、靈修、禪坐、冥想、靈氣、氣功、瑜珈，都是有異曲同工之妙，其根源是相通的。所以進行體驗的過程，也會有進行「**心靈療癒**」的處理，也有回溯「前世」的感受，這些體驗的最終目的，都是要引導體驗者能更邁向**健康**、**平衡**、**快樂**、**安心**、**自在的活在當下**。

※、探訪心靈風水之的好處：

01 能陶冶心靈、涵養、道德、行善之心。

02 能有助個人、家庭的和諧及融洽安樂。

03 在職場可以強化自信心與幹勁、熱忱。

04 能瞭解自我個性、健康、福德、緣份。

翔丰手札－123：

風水的開運，透過心靈風水的引導探索，時機對了、緣份俱足了，自然會有讓你深切體認。

三、風水入門筆記

一、什麼是風水？

看風水是現代人及社會的一個現象，中國偉大的先民，在大自然中生存・生活經驗相傳，早在二千多年前的秦朝，「堪輿」的基本觀念就已在成形，一直傳承至今，而且在美、英、法、歐洲各國受到重視・在千禧年（西元2000年）後，已形成顯學・這是中華文化的光榮與驕傲。

二、什麼是好風水呢？

風水以氣為主，「氣」一定要旺，而什麼是風水的氣呢？有兩種說法，一種是「**巒頭法**」，天之氣在上，是為日月星辰，地之氣在下，為山川河流，風水為天地之陰陽交媾，所產生的變化，可以對人類生活產生不一樣的影響。另一種是「**理氣法**」，也就是風水有所謂的地理之氣，地有地氣、水有水氣、人亦有人氣，氣聚則旺，氣弱叫衰，氣散則亡，所以古代風水地理師就是堪察龍脈・尋找山川走勢，找出地理之氣旺處，以決定陰陽宅建築物的之坐向，其旺衰之方，求取長遠吉祥之時間。

三、什麼是風水解釋？

晉朝堪輿師郭璞，在其所著之《葬經》中對風水名詞的解釋，以「**葬者，乘生氣也**」，其經曰：「氣乘風則散，界水則止，古人聚之使不散，行之使有止，故曰風水」。「**風水**」二字，並非坊間書籍及風水師所說的「風生水起」，那是錯誤的觀念，真正是觀念是「**藏風聚氣**」，才是真正的風水真理。

四、什麼是風水的影響？

師門祕傳的風水影響，記錄著真訣是「**地、勢、路、形、氣**」，宅內的形煞是主內傷，傷得較慢，宅外的刑煞是主外傷，傷得快，堪察風水有兩大系統，一為財，另一為丁，相宅主要就是要看這兩項。

五、什麼是風水的流年五黃？

採用紫白飛星，飛佈到五黃位時，在這個方位上放置安忍水，可以化解流年五黃，制煞之用，如安忍水沒地方擺，放到陽台上，也可以收到一定的效果。

※、安忍水製作：

要用透明的玻璃瓶、潔淨之礦泉水、六枚古銅板、六包粗鹽（一斤六兩），以礦泉水淹沒粗鹽、錢幣為準，最後將玻璃瓶密封起來，這就是安忍水。

六、什麼是風水的紫白九星？

當年翔手學習過程，記下來的筆記，寫著「**一白貪狼 升官、二黑巨門 口舌、三碧祿存 吵架、四綠文曲 桃花藝術、五黃廉貞 病符、六白武曲 主財、七赤破軍 改革、八白左輔 吉祥、九紫右弼 喜慶**」，簡單精要的師門學習筆記，分享給有緣份的讀者們。

七、判斷風水的要素？

風水要看巒頭，巒頭是理氣之本。

（一）宅地斷訣：

宅基位置「**核能電廠、工業工廠、礦坑、水田、池塘、古井、墓地、戰場、垃圾場、順**

向坡及地震帶」，這些都是不良的位置，如果屋宅之地基選址，在這一類型的地方，都是風水很差的地方。

（二）宅勢斷訣：

宅勢位置「**枝幹勢、九星勢、物形勢、高低勢、煞形勢、沖射勢、護衛勢**」，面對枝幹勢，能選之時，要先幹道後枝道，大路比小巷還好，因為氣勢比較強。但是公園可以使小樹枝變大樹幹，枝幹隨時會變，端看道路如何調整。停車場、公園，可以以水來論。

（三）物形勢斷訣：

木：長方形－綠色、火：三角形－紅色、土：正方形－黃色、金：圓形－白色、水：曲形－S型-黑色－水藍色。高低勢的建築物勝於低的建築物；建築物外型的形，可以決定氣勢；建築物如層層拱衛，就能成勢，如兩排長樓，彼此就是護衛。所有的房屋，都要用道路來決定，道路決定屋形，當路好屋形好，路差屋形差。

（四）宅形斷訣：

宅形格局「**平面格局、立體格局、空缺格局、沖射格局、壓迫格局、擺設格局**」，都是影響屋宅的好與壞。

（五）宅氣斷訣：

宅氣變數（**顏色、光線、空氣、濕度、溫度、味道、風向、磁力、動線**），都是影響屋宅的氣場與能量。

八、什麼是風水之骨？

風水之骨「地、勢、路、形、氣」；

化解之魂「遮、擋、化、煞、避」。

九、什麼是風水之肉？

屋宅外六事「路、井、廁、欄、廟、橋」；

屋宅內六事「門、階、廳、床、灶、磨」。

十、初學風水者之建議？

不迷於「**理氣**」，要回歸「**先驗巒頭形局**」的吉凶，再驗理氣是否會配合「**催動煞氣**」，吉凶殊途不同理，才是學理的正途。要「**迎水生旺，坐空朝滿**」，以「**道路爲水、右水倒左、左水倒右**」，針對宅第的「**氣色**」有一定的看法，並將房屋「**擬人化**」，達到人屋一體之綜合判斷。

翔丰手札－124：

風水的筆記，從初學、中階、進階、精通到執業看風水，這十項入門筆記，極為精華且相當受用。

四、風水居家判斷

一、宅形有缺，易損人丁？

□多角形的房屋□三角形的房屋□尖形的房屋□狹長的房屋

□玻璃帷幕大樓□玻璃屋□石綿瓦屋□鐵皮屋

二、勿購買之屋宅？

□寡陽之宅（**地勢太低窪**）□孤高之宅（**孤峰獨秀**）

□白虎昂首煞（**三合院之白虎邊高**）　□井字煞（**財來財去**）

□龍虎回首煞（**三合院之虎邊與虎邊，加蓋成內彎**）

□虎強龍弱煞（**多是非，犯小人**）　□捲簾水煞（**山坡斜向下之山腳**）

□懸崖煞（**買屋莫買懸崖屋，堤防家人會痛哭**）

三、斜角、缺角屋宅？

□、屋宅左長，右短－陽旺陰衰（女主人遭殃）

□、屋宅右長，左短－陰旺陽衰（不利男丁）

□、屋宅前大後小－無財又病

□、屋宅前小後大－有財也身弱

Ⅳ、不宜購買之房子內局？

□、廁所、廚房位於房屋中央。

□、排氣孔出口，位於房屋中心間。

□、小天井，通室外。

□、形局與格局不方正。

□、客廳在後面或遠處。

□、樓梯與旋轉梯，位於房屋中央。

□、大樹或樹根，穿入宅內。

□、前門直通後門。

□、馬桶或爐灶正對大門。
□、廁所正對廚門或房門。
□、臥室三面皆有窗。
□、樑柱太多，天花板太低。
□、開門見穿樑及壓樑格局。
□、暗室太多，採光昏暗。

V、不宜購買之房子外局？

□、雙路交叉成剪刀煞。
□、開門見壁刀、天斬煞、高壓電塔、電線桿。
□、高架橋下、高架橋路邊。
□、左右斜坡、前後受高山與高樓壓迫。
□、低窪地帶、河邊有水患疑慮處。
□、山谷出口、山凹迎風處。

□、山脊稜線上。

□、在河流與水溝上。

□、地基前高後低。

□、馬路高低地基。

□、靈煞之地-兇殺、自殺、墓地、屠宰場、刑場。

VI、大門之改善法？

□、正對後門、窗戶：

※、屬於「**穿堂風煞**」

※、改善「**用屏風遮住**」

□、有橫樑壓門：

※、造成「**家運不開**」

※、改善「**將橫樑遮蔽**」

□、正對廁所門：

※、造成「**財運不順**」

※、改善「**用屏風遮住**」

□、正對廚房、爐灶：

※、造成「**口舌是非**」

※、改善「**爐灶之位置**」

□、正對臥房門：

※、造成「**慢性疾病**」

※、改善「**用屏風與布簾隔住**」

□、正對後門：

※、造成「**錢財不聚**」

※、改善「**將後門遮住**」

□、正對玄關牆、鏡子：

※、造成「**精神衰弱**」

※、改善「**將玄關牆與鏡子移開**」

□、門廳內之禁忌：

※、牆角：不宜放空花瓶及乾枯之物。

※、沙發椅：宜穩定有靠牆。

VII、臥房內擺設之避免？

□、仙人掌　□、竹葉青之植栽

□、空間藝術品　□、情色藝品

□、神像與神位　□、指揮刀

□、兇猛野獸標本　□、古代藝術玩偶

□、人形面具與布偶飾品

翔丰手札－125：

風水的居家，從看屋、購屋、裝潢、居住、發展、傳承，這七項勾選文件，可以自我簡易判斷。

五、風水辦公開運

一、風水辦公－主管桌的開運：

1. **青龍位，應通暢無阻：**

位於公司主管桌的左方為「青龍位」，應當通暢無阻，無阻則生財氣，青龍喜游易動，可放置飲水機。

2. **朱雀位，寬闊且明亮：**

位於公司主管桌的正前方為「朱雀位」，應當寬闊且明亮，此處應潔淨，朱雀喜鳴易飛，宜對明窗看向遠方。

3. **白虎方，擺設不宜高：**

位於公司主管桌的右方為「白虎方」，擺設不宜過高置物要略低，白虎喜山怕吵，宜擺放玉石，忌放魚缸盆景。

4. **玄武位，應平穩有靠：**

位於公司主管桌的正後方為「玄武位」，應伸背有靠，穩實平穩，背後不能有人走動，宜窄不宜寬，背後宜放書櫃和獎牌。

5. **騰蛇位，擺花木矮桌：**

位於公司主管桌的左前方為「騰蛇位」，宜擺放花木或矮桌、茶几、沙發，招待客人之用。

6. **勾陳位，宜固守持恒：**

位於公司主管桌的右後方為「勾陳位」，應擺設重物，宜放金屬類器物、鎮物，易固守持恆。

7. **角旗位，宜發號施令：**

位於公司主管桌的左上處為「角旗位」，宜在牆面上張掛榮譽證書，名譽牌匾、獎狀，角旗喜張揚易發號施令。

8. **印鼓位，宜思考決策：**

位於公司主管桌的右上處為「印鼓位」，宜擺放電腦、簽字筆、名片、印台、公司標識，印鼓喜近主易發決策。

9. **引氣位，宜引風納氣：**

位於公司老闆之辦公室如太小，可微開小窗，引入新鮮空氣進來，令室內空氣流通，也可用擺流水財盆，滾動納氣。

二、風水辦公－職員桌的開運：

1. 位於「**離－南方**」：正前方，擺放照明燈，代表光明照亮。
2. 位於「**震－東方**」：左方，龍邊擺放印鑑，代表權力決策。
3. 位於「**兌－西方**」：右方，虎邊擺放元寶，代表財富滿圓。
4. 位於「**坤－西南方**」：右上方，擺放四枝筆，代表文昌之氣。
5. 位於「**乾－西北方**」：右下方，擺放客戶名片，代表業績貴人。
6. 位於「**巽－東北方**」：左上方，擺放電話，代表人氣提升。
7. 位於「**艮－東南方**」：左下方，擺放書籍，代表智慧累積。

8. 位於「**坎－北方**」：正下方，擺放行事曆，代表業務發展。

三、風水辦公－辦公桌擺設禁忌：

1. 不可在廁所或廚灶之上下方。
2. 不可在電腦機房的上下方。
3. 左右前後不可有巷路沖身。
4. 主管不可在部下的前面，會有奴欺主之局。
5. 旁邊不可有震動之機器或馬達。
6. 位置頂上不可對著直燈管。
7. 位置其後必須要有靠，方能安穩鞏固。
8. 位旁不宜設水龍頭或廚房，主破財。
9. 忌對大門，易犯沖、破財，影響健康。
10. 忌橫樑壓頂，易破財、體弱、精神衰退。

11. 忌置大型電器，如冷氣機，影響財運及思考。

12. 忌背有窗、門、玻璃過大，採光過烈、氣流過旺。

翔丰手札－126：

風水的辦公桌，適度的開運及注意擺設禁忌，八卦方位及四祥獸的平衡，業績會提升及旺運。

Ⅳ、風水辦公－上班族之綜合開運：

1. **辦公桌之開運擺法：**

辦公桌的左邊（龍邊）最好放置動態的物品，像是電話、喇叭、電腦主機、小電扇。

辦公桌的右邊（虎邊）擺放比較靜態的文件，資料夾、黑曜石、手串鍊之開運擺件。

2. **利用鏡子開運反射：**

鏡子具有「反前為後、反後為前」的功用，可以將後面的景況反射到前面去，因此後面人來人往的狀況，就可以轉化到鏡子中，讓人一目了然，以減少不安定感。

3. **擺放屏風開運穩固：**

當辦公座位後方有足夠的空間，建議可以擺放屏風形成隔絕，讓屏風當成自己的靠背，代表事業有靠山，以穩固自己的地位。

4. **加高椅背運勢提升：**

利用較高的坐椅，讓座位高人一等，助於工作運勢的提升。也可以在座位上掛上一件黑色外套，能讓座位形成屏風的高度有利於地位的提升，尤其是大家辦公桌都一樣時，這個方法更能區別出主管職高人一等的地位。

5. **左邊進出黃金萬斗：**

利用辦公桌的左邊（龍邊）進出，形成「升龍開口，黃金萬斗」的格局，幫助氣場提升，增強自己的財運運勢。

6. **座位對樓梯大不利：**

辦公座位附近有對到樓梯口的員工，情緒上比較容易「煩躁」，進而引發「口舌之爭」。可擺放「綠葉盆栽」，讓氣流流動有個緩衝的動線，即可有效化解。

7. **走道通暢互動加分：**

辦公室的通路是「通暢無阻」，自然能夠正常運作，應當佈局「座位集中、走道淨空」的辦公室設計。如果辦公室的格局不佳，不但容易招惹小人，也容易阻礙公司的事業前程！

8. **桌面整齊易得信任：**

辦公桌面凌亂的桌子或是空間，都比較難以聚氣，氣不聚，運也難起。整齊的桌面能夠給工作者比較愉快的心情，老闆、主管認為你做事有條有理、井然有序，自然就比較容易得到信任。

9. **電腦桌布用風景圖：**

辦公桌面上的電腦桌布，盡量是是乾淨的，不要讓檔案塞滿整個桌面。能夠更換對未來比較有展望性的勵志圖片，比方翠綠的森林、大自然欣欣向榮的風景，都可以提升你的工作事業運。

10. **桌面擺上左桌燈：**

桌燈從左側來的光比較不會被慣用右手遮擋到，因此照明的效果比較好，以「龍明虎暗」就可以透過光線，將座位營造成一個光明氣場、落落大方的開運好局勢。

11. **桌面開運順口溜：**

一、左動右靜，訂單接不完
二、左高右低，升官又加薪
三、左明右暗，護眼也聚財
四、闊葉植物，隨和好人緣
六、粉晶擺對，爛桃花退散
七、玩偶勿擺，冷箭不上身
八、座位無靠，前途難預料

翔丰手札—127：

風水的運勢，提升、穩固、動線、靠山、勵志、光明，都是風水之科學，善用擺設來加分。

六、風水篆印欣賞

地勢路形氣

遮擋化煞避

龍穴砂水向

紫白飛星訣

元辰天命訣

零正神水訣

四祥獸眞訣

奇門時空訣

乘止截虛氣

左青龍

右白虎

前朱雀

後玄武

厚德載物

藏風聚氣

道法自然

佛光普照

翔丰手札－128：

風水的篆印，源自秦朝小篆字體開始發展，在風水學上有著開運及祈福的好意念，與你一起分享

後記

尋覓一處好山好水好能量的寶地，實為不容易。必須是人文匯聚且天然山水峭壁，能夠湖光山色盡收眼底，有著看不完的綿延山景，延續著賞不盡的山脈之湖江美景，這可是讓初造訪桂林的翔丰，才經歷這山水寶地好氣場數天而已，便令我流連忘返。

堪輿風水已經邁入二十多年頭了，海峽兩岸的風水相宅過程，翔丰已看過無數的山脈美景，而初到桂林的山水寶地一探究竟，立即感受到好山、好水、好美景的正能量之印象，讓翔丰足足地感動了三天三夜呀！受到桂林朋友的誠摯邀約，從台灣出發造訪了廣西桂林，感受了山水好能量、人文帶動的祥和之氣，所呈現出來的好運勢、吉祥之氛圍，能快

【桂林之草坪段－漓江沿岸壯麗山景－翔丰拍攝】

速融入乘風而行、界水則止之藏風聚氣的四綠文昌好兆頭。

翔丰在上海堪輿祈福之期間，有緣認識幾位摯情好友，多年的不間斷聯繫，累積了造訪桂林的好緣份，這幾位好友的故鄉就是著名的「**桂林山水甲天下、陽朔風景甲桂林**」的吉祥寶地。就在戊戌年的一次因緣，翔丰如願來到桂林，與幾位好友相聚歡之外，更啟發我彙整多年以來的風水真訣，開始動手撰寫《風水師相宅手札》的念頭，這本書是我十多年前出版第一本風水書的緣份延續，因為當時第一本書的封面，出版社就是用桂林的灕江沿岸風景，來呈現好山好水的風水書封面，如今翔丰造訪桂林的風水寶地，肯定是重拾舊夢，將出版這本風水書的續集，回饋給這二十多年來踏入風水領域之緣份的因緣聚合。

這本書中的所有篆刻手工印章文字，皆是出自故鄉桂林

【桂林之日月雙塔文化公園－翔丰拍攝】

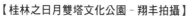

的摯友泊陞先生之手，全數石材印章，圖騰是純手工篆刻，源自秦朝文字統一的小篆字體，能呈現出「**氣、勢、巧、韻**」四項內涵，每方印章在佈局上無論多少字，最終會落實在「**和諧**」之左右勻稱。這些篆印的排列表現中，會看出輕重、虛實、疏密之佈局，與風水堪輿之「**形、氣、匯、聚**」運用，有著異曲同工之妙，形中帶氣、氣中有形、匯中成局、局中聚氣，意味著「**藏風聚氣**」之順風順水的好意念。

最後，翔丰將融合多年內化的學習心得，巧妙地分享風水經驗與堪輿案例，以淺顯易懂的白話文解說，冀望能拋磚引玉地讓有緣份的讀者們，更瞭解風水的堪輿及佈局奧妙之處，並輕易能為自己家宅或身邊親朋好友相宅，讓相宅看風水的技巧變成顯學的一環，不再只是深澀難懂的帝王之學。

翔丰簡化了數千年來摸不著頭緒的「風水真訣」，讓有緣份看到此書的好朋友讀者們，能體悟中華文化之老祖先智慧，一起來發揚中華文化精神，當學習之後能共同為自己的居家環境盡一分心力，實為翔丰多年來的心願。

風水之妙、存乎於心
藏風聚氣、山環水抱
善心發光、隨緣發亮

國家圖書館出版品預行編目資料

輕鬆懂陽宅，這本就夠用：風水師相宅手札／翔丰著.
－－第一版－－臺北市：知青頻道出版；
紅螞蟻圖書發行，2019.9
面　　公分－－(Easy Quick；165)
ISBN 978-986-488-206-9（平裝）

1.相宅

294.1　　108012210

Easy Quick 165

輕鬆懂陽宅，這本就夠用：風水師相宅手札

作　　者／翔丰
發 行 人／賴秀珍
總 編 輯／何南輝
校　　對／周英嬌、翔丰
美術構成／沙海潛行
封面設計／引子設計
出　　版／知青頻道出版有限公司
發　　行／紅螞蟻圖書有限公司
地　　址／台北市內湖區舊宗路二段121巷19號(紅螞蟻資訊大樓)
網　　站／www.e-redant.com
郵撥帳號／1604621-1　紅螞蟻圖書有限公司
電　　話／(02)2795-3656（代表號）
傳　　真／(02)2795-4100
登 記 證／局版北市業字第796號
法律顧問／許晏賓律師
印 刷 廠／卡樂彩色製版印刷有限公司
出版日期／2019年 9月　第一版第一刷

定價 350 元　港幣 117 元

ISBN 978-986-488-206-9　　Printed in Taiwan